松下幸之助に学ぶ
部下がついてくる
叱り方

江口克彦
Eguchi Katsuhiko

はじめに

松下幸之助さんが、よく、部下を指導していくときに、「寛厳よろしきを得る」ということが大事だと言っていた。部下が手柄をたてても、知らん顔、失敗しても、なにも言わないということであれば、部下は、成長しない。なにがいいのか、なにが悪いのか、さっぱりわからず、やがて、やる気を失うどころか、上司に平然と反抗するようになる。そういうことであれば、組織はまとまらないし、そこには発展も繁栄も生まれてこない。要は、厳しさと優しさを適宜適切に使い分けることが、優れた上司の条件だということである。

ところが、この頃は、「ほめろ、ほめろの大合唱」だ。セミナーに参加しても、講師が、「部下は、ほめて育てなさい」と言う。ご丁寧に「ほめ言葉」まで教えてくれる。しかし、果たして、「ほめる」だけで、人は成長するものであろうか。いや、ほめ続ければ、誰でも「傲慢」になるだろう。失敗を繰り返すだろう。早い話、交通違反をしても、ほめるのかと言えば、そのようなことはない。やはり、それなりの罰を受ける。罰を受けるから、次は、絶対に違反しないように運転しようと心がけ、運転技術も向上していく。当然のことだ。それを、仕事のうえで「交通事故」を起こしても、まるで「ほめること」をしなければならないような指導をする。そのようなことでは、部下本人のためにも、組織全体のためにもならない。

ここは、部下を叱らなければならないというときには、ケジメをつけて、「叱る」ということをしなければならない。松下さんの言うように、ほめるときにはほめるが、叱らなければならないときには、叱る。その両方が大事ということは、上司たる者は、心得ておくべきではないか。

「叱る」ということは、外科手術、「ほめる」ということは、クスリ治療。「ほめる」も大事、「叱る」も大事。むしろ、「叱る」ことが、究極において「部下の命」を救う場合があるということはよくよく知っておくべきだと思う。「ほめる」必要がないと言うのではない。ほめてはいけないと言うのではない。まさに、「寛厳よろしき」を得なければならないということである。

「ほめる教育」だけではいけない。「叱る教育」も大事、ということを、松下さんに教えられた。実際に松下さんから「叱られた経験」を踏まえつつ、三十四年間の経営者として「部下指導をしてきた体験」から、「叱り方」のいくつかをまとめてみたいと思う。

部下を持つ上司の方々、社員を抱える社長の方々のお役に、わずかながらでも立つことができれば、幸いである。

本書を纏めるにあたり、声をかけていただいた、方丈社社長宮下研一氏、ならびに第一編集部編集長西田薫氏に、あらかじめ、心から感謝の意を表しておきたい。

東京・平河町にて

江口克彦

松下幸之助に学ぶ　部下がついてくる叱り方──目次

二章　人格を否定しない叱り方

三章　場当たり思いつきでない叱り方

四章　導かず導く叱り方

五章　策を弄しない叱り方

六章　モノ・カネを追いかけない叱り方

終章　人間的成長のための一〇の努力

序章

上司が部下を叱れない時代

「ほめる」は内科治療、「叱る」は外科治療

最近、あなたは部下を叱ったことがあるだろうか。

叱るという行為は気持ちのいいものではないし、できれば、ないほうがいいものである。しかし、もう何年も、叱るべきだと思いつつ、叱ったことがないというなら、上司として失格といえる。部下を抱えて仕事をする身であれば、部下を叱るべきときが必ずある。それにもかかわらず、叱っていないとすれば、上司の役割を果たしていないということになるからである。

よく叱っている、という人は、部下のその後の反応はどうだろうか。やる気を失っていたり、反発したりしているとしたら、その叱り方は間違っていると言わざるをえない。「叱る」ことは難しいものだ。ここぞというときには必要だが、乱用すれば部下を追い込み過ぎてしまう。最悪の場合、相手のメンタルヘルスに支障を来たすほどのダメージを与えてしまう。

だからこそ適切な〝叱り方〟を知っておくことが上司には求められるのだが、最近ではそのリスクを気にして、叱ることを放棄している上司が増えているという。「叱る」のではなく「注意する」にとどめておいて、それで直らなければ、タイミングを見て外に放出するという手っ取り早い〝処理〟で解決しようとする。もはや上司は「叱る」という選択肢を持たない時代になっているように、私の目には映る。

それはちょうど外科手術をせず、なんでもかんでも内服薬で治そうとする内科処方ではないだろうか。もちろん、できることなら、簡単に、クスリで治るならそれに越したことはない。しかし、どうしてもクスリだけではダメだというときがある。それが、「叱る」ということであることは知っておいていいと思う。

経営の神様は、ときに厳しく叱る人だった

松下幸之助さんとは、松下電器（現在のパナソニック）をたった一代で築いた、日本を代表する経営者である。松下さんはみずからの企業を成長、発展させる一方で、一流の人

材を育てたことでも知られている。現在活躍している多くの経営者が松下幸之助の教えに学んだことを明かしている。

平成元年に亡くなってからすでに三十年のときを経ても、松下さんの本は毎年、ベストセラーになっていることを見ても、今なお経営を志す者にとって松下幸之助という人は、「神様」であり続けている。

その「経営の神様」と呼ばれた松下幸之助さんは、部下をほめることが多かったが、叱るべきときには、相当、厳しく叱る人だった。

松下さんの話や写真から、一見、人を叱るようなことなどなかっただろうと思っている人も多いかもしれない。しかし、実際の松下さんは、ときに部下を厳しく叱った。それもただの叱り方ではない。烈火のごとく叱り飛ばした。叱責が厳し過ぎて、武道に卓越した大柄な男性社員でさえ気を失ったという逸話もある。松下さんの叱り方は激烈そのものだった。

普通に考えれば、トップにそこまで激しく叱られたら、部下は立ち上がれない。すっかり元気をなくしてしまい、最悪は職場を去っていくか、一生恨みに思う人がいてもおかしくない。ところが、松下さんに叱られた人はその後、どうなったか。皆が皆、それを喜んだのである。激しく叱られれば叱られるほど、そのことを誇りに思い、他人に自慢していた。そして、叱られたことをきっかけに一層、仕事で活躍をして、やがて一流の経営者となっていった。

私は、松下幸之助さんのＰＨＰ研究所の秘書を八年務めた後、経営を託されるに至ったが、その間二十三年間、松下さんのもとで仕事をした。その私自身もまた、何度となく松下さんに叱られた。そして、諸先輩方と同じように、松下さんから何度となく叱られたことは、私の誇りとなっている。

やがて私はＰＨＰ研究所の経営を託されるようになり、その後は国政に携わることになったが、それらの重責を担う上で、松下さんから叱られて学んだ一つひとつの教えが、常に私の支えとなった。叱責のなかで叩き込まれた教えは、私の生涯の宝であり財産だと、今も胸を張って言える。

だから私は、「叱る」という行為が、人をつくるうえで、どれほど重要かを身を持って知っている。私自身も、経営担当責任者になってからは、ここぞというときは、大いに部下を叱ってきた。

なぜ松下さんは、それほどの激しさで部下を叱りながらも、恨まれるどころか、喜ばれたのか。なぜか。それは、「この部下をなんとか育ててやりたい」、「この部下はダイヤモンドを持っている」というような「滾《たぎ》る熱意」で、叱ったからにほかならない。

叱りにくい時代

翻って、今、上司が叱れない時代になっているというのはどういうことか。

「今の若手社員は少し厳しく接するとすぐに辞めてしまう」

「叱ったらパワハラで訴えられる」

「職場のうつ病発症率がどんどん上がっている」

「叱って育てる時代ではなく、今は、ほめて育てる時代だ」

そうした声が年々高まっているなかで、上司が慎重にならざるをえなくなっているからだ。確かに、現代は職場で部下や若手社員を叱ることが難しい時代になっているのかもしれない。

また、上司が叱れなくなった、もう一つの原因は、部下や若手社員に〝免疫〟がなくなっていることもあるだろう。一昔前の若者たちは、社会に出るまでに、親や先生、学校の先輩との関係のなかで、さんざんに叱られて育ってきたものだ。だが、今はそうではない。この頃では、家庭や学校での人間関係が、「叱り、叱られる」の上下関係ではなく、友だちのような横並びの関係になっている。

そもそも家庭の育児から変わってしまった。「ほめる育児」、あるいは「叱らない育児」が脚光を浴びている。叱れば子どもは萎縮し、伸びる芽を摘んでしまうから、ほめる子育てを実践することで「自己肯定力」を育むのだと言われている。幼児のときは、その通りであろう。幼気《いたいけ》な子どもを叱って育てることは、多くの経験から、極めて好ましくないということがデータから明らかになっている。

しかし、成人してもなお、ほめ続けるとなれば、人生の風雪に耐えることはできないことも明らかである。

今、入社してくる新入社員、若手社員はそういう子育ての風潮のなかで育ってきた若者たちである。だから、「こっぴどく叱られる」という経験を持たないまま社会に出てくる。また、そういう若手社員たちを指導する上司も、現に子育て中であったり、子育てを終えたばかりの年代だ。だから、職場でも、若手社員は、「ほめろ、ほめろ」の洗礼を受ける。まるでケーキに砂糖がかけられるようなものだ。そのように、職場においても、「叱り方、叱られ方」がわからないから、まるで幼児を育てるように、叱ることに躊躇しているのが実態ではないか。

そもそも現在の三十代の管理職は、自分自身が叱られずに育ってきた世代でもある。叱りたいのに叱れない。叱り方がわからない。叱るのが怖い。部下に嫌われたらどうしよう。そのような上司が増えている。

前述のように、パワーハラスメント、いわゆるパワハラ厳禁の世の中になってしまった。だから、部下の精神衛生にも気を配らなければならない。パワハラを肯定するつもりはないが、昨今の企業の役職者研修では、「パワハラ問題を引き起こさない」、「メンタルヘルスへの配慮も忘れるな」、「ほめなさい。励ましなさい」と、それればかり。まったくもって、部下指導、部下育成に、及び腰である。もはや社員を「叱る」という行為は職場から消え去っている感がある。

叱られることを期待している若者たち

ところが、ある調査によると、「叱られなれていない世代」の若手社員の多くが、意外にも「もっと叱られたい」という思いを抱いているという。社会に出て間がなく、経験値が少ない自分に、彼ら自身が不安や不甲斐なさを感じている。そういう彼らにとって、自分を厳しく導いてくれない、「叱らない、叱れない上司」のことを、実は頼りない上司と感じているようだ。

とりわけ、就職難の時代に入社してきた社員は、仕事への意欲も強く、向上心も高い。彼らの就職したい企業の選定理由は、「有名企業だから」、「業績が安定しているから」、

「給料がよいから」といったことばかりでなく、「自分を成長させてくれる」ことも重要な動機の一つとなっている。

部下のほうでも、自分が成長するうえで、もし自分に間違ったことや足りないことがあれば、叱られることがあってもいいと考えているということだ。

しかし、実はそのような叱られ、みずから成長したいと思っている若い部下たちが、「上司には絶対的に服従する」という価値観を持っているわけではない。むしろ「尊敬できる上司には叱られたい」が、「尊敬できない上司の言うことは聞かない」というのが本音である。もっとも、それは現在の若手社員に限ったことではないだろう。私が二十代の若手社員だった頃も、内心そのような思いを抱えていたものだ。

どんな上司が尊敬に値するのかということについては、後で触れるが、ここで論じたいのは、「叱ること」と「人の成長」がセットになっていることを、若手社員のほうが理解しているということである。

叱る効果

確かに、よく言われるように、「叱る」ということは、「注意する」ということとは違う。「叱る」とは、「注意する」より強い感情がある。かといって「怒る」というのともまた違う。「怒る」というのは「自分一人の感情」に過ぎないが、「叱る」というのは、「相手の存在を認めること」が前提である。

つまり「叱る行為」は、相手の成長のために、強い感情と態度で、大事ななにかを伝える行為と言えるだろう。その使い方によっては、劇的な効能を発揮する。

劇的な効能というのは、たとえば、こういうことだ。

・部下が、それをきっかけに仕事に打ち込むようになる。
・部下が、ぶつかっていた壁を突破する。
・部下が、諦めかけていたことにもう一度、チャレンジする意欲を持つ。
・部下が、今まで以上に、もっと広い視野で仕事を見ることができる。

・部下が、人間的に成長する。

などといったことだが、これらの結果を引き出す「叱り方」とは、つまるところ、「あなたはもっとできる」、「あなたには、もっと価値がある」、「君はダイヤモンドを持っている」と伝えることにある。

要は、叱ることができないのは、部下を「成長させてやろう、」「持っている能力を引き出してやろう」という思いがないこと、少ないこと。また、部下を感動させることができないというところにある。

「叱るに価する上司」になる

松下さんはその点で、「叱り方」の達人であった。叱ることを通じて、その相手を育て、やる気を発揮させることにかけて、松下さんの右に出る人はいないのではあるまいか。

そこで本書では、松下幸之助さんがどのように叱り、どのように人を育てたのかを述べながら、「叱り方」の事例のいくつかを具体的に紹介したいと思っている。

一章は、「ぱなし」をしない叱り方。《必ずフォローを入れる》
二章は、人格を否定しない叱り方。《その人への期待を込める》
三章は、場当たり、思い付きでない叱り方。《理念、方針をもとにする》
四章は、意図して明確に言わない叱り方。《相手に気づかせる》
五章は、策を弄しない叱り方。《真摯にストレートに指摘する》
六章は、モノ・カネを追いかけない叱り方。《育てる心を持つ》

そして、「叱り方」だけでなく、「叱る」とはどういうことなのか、ということも考えてもらえる内容にしたいと思っている。と同時に、大事なことは、上司にとって「叱る」とは、それに値する「自分をつくること」、「自分づくり」が前提になる。

前に触れた通り、若手社員らは自分の成長のために、叱られることを欲している。しかし、自分が尊敬できない人から叱られることは歓迎しない。この上司に自分を導いてほしい、この人の言うことを聞けば、自分も成長できると思える人、感動を与えてくれる人に対してのみ、叱られることを喜んで受け入れようとする。であれば、上司は部下から見て

「叱られるに値する上司」でなければならないということになる。

人は誰も尊敬できる人から学び、軽蔑するような人からは学びたくない。視点を変えて言えば、自分の上司が尊敬できる人であってほしいという切実な願いでもある。そもそも先輩や指導者というのは、後進に規範を示すべき存在なのである。

問題は今の先輩や上司と呼ばれる人たちに、その自覚が希薄なことだ。職場には部下から尊敬される人格者がいなくなっているというのが実態である。だからこそ、今、上司に人を叱ることのできる「自分づくり」をはじめてほしいと願っている。その願いを込めて、終章で、「尊敬される上司になるための努力」のいくつかを述べたいと思っている。

本書でお伝えする松下さんのエピソードから導き出される、さまざまな「叱り方」の教訓は、現代の職場で部下を抱えている上司、指導者にとっても、そのまま役立つものなのだと確信している。

一章

「ぱなし」にしない叱り方

厳しい態度に出なければならないときがある

「○○君、この精算伝票、また計算の間違いがあるじゃないか！」

「あれ？　間違ってました？　おかしいな……」

「この前も注意したばかりだろ？　何度言ったらわかるんだ！」

「すみません」

「もう入社して何年目だよ。頼むからこれくらいのことは、ちゃんとやってくれよ！」

「あ、はい、わかりました（そう言う課長だって、この間、もっと大きなミスをして部長に怒られていましたよね……）」


仕事は小さな一つひとつの積み重ねで大きな成果につながっている。上司としては、細かなミスも決して「小さなミス」としてやり過ごすことはできない。しかし、このような場合においては、必ずしも部下にマイナスの感情を押し付けるような厳しい叱責、激しい叱り方は必要ではないと思う。

「○○君、いつも頑張ってくれてありがとう」

「はい、ありがとうございます」

「ただ、この生産販売計画表、計算が合ってないよ」

「あれ？　間違ってました？　すみません」

「この計算ミスの原因が自分でわかっているか？」

「検算をしていなかったからだと思います」

「原因がわかっているならいい。しかし、キミのような、できる男が、こんなミスをしたら困る。これから気をつけてくれ」


このように、肯定の言葉をつけて、改善の方法を、みずから気づかせるような叱り方をすべきであろう。叱られた直後は、多少は気落ちすることもあるが、部下は自分で気を持ち直し、ミスの再発を防ぐようにみずから心がけていくようになるはずだ。

しかし、問題となるのは、もっと厳しく部下を叱責しなければならない場面だ。法に触れ、企業倫理に反するような不正を行っていたり、会社や取引先に重大な損害を与えることになりかねない仕事の進め方をしていたり、また、経営理念に反する、大きな考え違いをしているなど。まさに、本人の将来にとっても、会社の命運にとっても、非常な悪影響を与えるような場合には、部下の目が覚めるような厳しい叱責を上司がしなければならない。ときには、怒髪天で、部下を叱りつける。それも、上司の大切な役目なのである。

そうした厳しい叱り方をされることで、もちろん部下は大きなショックを受けることとなり、何日も仕事が手につかないような状態に陥ることもありえる。

では、そうしたときに上司は部下に対してどのような態度で接するのがよいのか。

「叱りっぱなし」にしない

上司という立場に立てば、いま述べたように、どうしても部下を厳しく叱らなければいけないというときがある。そのまま放っておけば、取り返しのつかない重大な問題につながりかねない場合には、やんわりと遠まわしに言って聞かせるわけにはいかず、また、その時間的余裕のないときには、厳しい言葉を用いて、短刀直入に激しく叱ることが必要となるだろう。

そうして叱られた部下はどうなるか。厳しい言葉で叱られれば、誰でも気分が落ち込み、叱られたことで自分が否定されたと感じ、悲しみに打ちひしがれる。叱られたことに納得がいかなければ、自分を叱った上司を逆恨みすることさえありえる。どちらにしても叱られた部下の心には、なんらかのマイナスの感情が残ることになる。

ここで大切なのは、決して部下を「叱りっぱなし」にしないということだ。叱ることで部下のやる気を削いでしまうのではなく、逆に、厳しく叱ることによって、より一層のやる気を引き出す。そのためのフォローが必要となるのである。

上司がなぜ部下を叱るかといえば、部下にこれまで以上の活躍をしてもらいたいと願うからである。その願い、思いがなければならない。しかし、「叱りっぱなし」にして部下の感情がマイナスに振れたままでは、部下のさらなる活躍を促すという、叱ること本来の目的を達成することはできない。そうした際には、部下の心に芽生えたマイナスの感情をプラスに転じさせる「フォロー」が必要となってくる。

松下幸之助さんは、そうした叱った後のフォローがとてもうまい人であったと思う。そのように言うと、松下さんが手練手管で策を弄して叱っていたように受け取られるかもしれないが、決してそうではない。松下さんの激しい叱責は、ときに本当に恐ろしいものだった。叱られた部下は直立不動のまま震え上がり、なかには気を失って卒倒してしまったというエピソードがあるくらいの激しい叱り方をした。

しかし、その叱責が厳しいものであればあるほど、その後のフォローを欠かすことがなかった。決して「叱りっぱなし」にするということはなかったのである。

松下さんが意図してそうしていたかどうかはわからないが、叱った後のフォローにより、後ろ向きになった部下の感情を前向きに転じさせた。その松下さんのフォローで叱られた部下は救われた思いを抱く。ひどく叱られた後なのに、最終的には「この人のために、もっと頑張ろう」とまで思うことができるのだ。そうした叱られ方を、私自身、何度も経験してきた。

そのようなことを思い出すにつけ、部下を叱るときに第一に気を留めておかなければならないのは、決して「叱りっぱなし」にしないということ。マイナスに振れた部下の感情をプラスに転じさせ、これまで以上の実力を発揮してもらう。そのためのフォローの仕方を、上司は身につけておく必要があるということだ。

では、「ぱなし」にしない叱り方とは、いったいどのようなものなのだろうか。

「否定された哀しみ」から「肯定される喜び」へ

松下幸之助さんは叱ることと同時に、ほめることもまた盛んに行う上司だった。「君ならできると思ったんや」、「あんたならできるんや」といった言葉、労《ねぎら》う言葉を日頃から事あるごとに部下に対して投げかけていた。だから、松下さんは、「ほめながら叱り、叱りながらほめていた」と言えるかもしれない。

松下幸之助さんは、「ほめながら叱り、叱りながらほめる」ということだけでなく、叱られて気落ちした部下にやる気を取り戻させるための、もう一つのやり方をしていたように思う。

それは叱りつけた部下に対して、「新たな仕事を指示する」ということである。叱られた部下が気落ちしながらも、反省の言葉を言ってきたならば、「わかってくれればいいんや。ところでな、キミにやってもらいたいことがあるんや」と新たな仕事の話を投げかけるのである。

厳しく叱られた部下はひどく落ち込んでいる。叱られたその場では、まるで自分が全否定されたかのように感じてしまう。しかし、叱られた後に新たな仕事を任されることで、部下は「決して見捨てられたわけじゃない」、「評価が下がったわけではないんだ」と救われた気持ちになるのである。

つまり、人は、叱られた後に新たな仕事を任されると、「否定された悲しみ」から、一気に「肯定される喜び」に変わるのだ。松下さんはそういった人間の気持ちを、とてもよく理解していた人であったと、私は実感している。

「ほめる」は諸刃の剣

少し話は変わるが、先日、東京・神保町にある書店のビジネス書のコーナーに足を運んでみた。

適当に何冊かを手に取り、パラパラとページをめくってみると、どの本にも「ほめ方」ばかりが書かれている。「部下はほめて伸ばせばいい」の大合唱である。

なかには、「とにかくほめるだけでいい。ほめるところが見つからなければ、その日に着けているネクタイの柄をほめればいい」と細かいことまで提案している人もいる。

しかし、この「とにかくほめればいい」ということは、いささか安易かつ無責任すぎるように感じられる。口先だけの「ほめること」が、部下の横着につながり、傲慢につながるからだ。かえって、その部下をスポイルすることにもなるということは知っておかなければならない。

実は、「ほめる」ということは、それほど簡単なことではない。「ほめ言葉」を覚えればいいということではないということだ。その人の持つ人間観と密接に関わるものだと私は考えている。つまりは、人間という存在をどう見ているかということ。それが問われているのである。

「ほめる」という行為が部下指導において有効に働くには、人間というものに対する絶対的評価がベースにならなければならない。「人間は無限価値を有する存在である」、「人間は誰もがダイヤモンドを持っている」という人間観のないままに、口先だけで「ほめる」ことは、お互いの不幸を招くばかりだということである。「ほめる」人に、その人間観があるかだ。「人間観なきほめ言葉は、部下を殺す」ことになるということは、しっかりと頭のなかに入れておきたいと思う。

松下幸之助さんは確固たる人間観を持っていた。人間は誰でも無限の可能性を持つ偉大な存在である。人間は誰もが「ダイヤモンド」を持っている。そうした〝哲学〟があるからこそ、「ほめる」ということが相手の心に響いたのである。

口先だけの「ほめる」は逆効果

「ほめる」というと、どのような言葉でほめるかということに考えが向いてしまいがちだが、「ほめる」という行為は、ほめ言葉をどう用いるかという言葉遊びではなく、「人間の本質を評価する」ということが根底になければいけない。相手の本質を評価することなく、口先だけでほめることは簡単だ。けれども、「かなり厳しく叱ったから、落ち込んでいるに違いない。やる気を失ってもいけないから、ちょっとはおだてておくか」という考えでは、部下の気持ちがプラスに転じることはない。

確かに、一度や二度は、ほめられて部下はうれしく思うかもしれないが、口先だけのほめ言葉を繰り返していれば、「またいつものパターンか。おだてれば喜ぶと思って、小馬鹿にしやがって」と上司の胸の内を見透かしてしまう。では、どうすればいいのか？　部下をほめるときには、人間誰でも「ダイヤモンド」を持っているという人間観をしっかり持って、やはり部下への期待の気持ちを込めて、「心から本気でほめる」ということに尽きる。

問題は、本心としての部下への期待が伝わるかどうかだ。しかし、上司は部下の持つ可能性に心から期待していて、部下もそれを十分に受け止めているという信頼関係が築けていれば、期待を込めた部下へのほめ言葉は部下の心に伝わる。しかし、そうでない場合は、いくら上司が心からの期待をほめ言葉に乗せて伝えたとしても、口先だけのほめ言葉と変わらない受け取られ方をされてしまうはずだ。

「ほめる」ということは、部下への心からの期待、すなわち部下の成長を願う思いをベースに行わなければ、諸刃の剣ともなりかねないことを、心にしっかりと刻んでおいてほしい。

「ああいう話し方ではダメだ」の叱責

松下さんから、当然のことながら、ほめられたこともあるし、叱られたこともたくさんある。その叱り方で記憶しているひとつを紹介してみたい。

松下さんの人間観をまとめた集大成となる一冊、『人間を考える』の出版後、こんなでき事があった。

今のパナソニックではどうしているかはわからないが、松下電器では、当時、一ヵ月に一回、「経営研究会」という勉強会を開いていた。

社長、副社長をはじめ全国の幹部たちおよそ四百名が松下電器の中央研究所の講堂に集まり、そこでは松下幸之助さんが話をしたり、ときにはゲストの講師を招いて話をしてもらったりもしていた。

あるとき、松下さんが、こう言った。

「経営研究会であの人間観についての話（『人間を考える』）を、キミがしてくれや」

私はこの指名に震え上がった。六ヵ月間、まさに昼夜を問わず、松下幸之助さんの最終検討の相手をしたとはいえ、当時、私はまだ三十二歳の若造。しかし、もちろん断ることはできない。

全国から集まった四百人の幹部たちの視線を一身に浴び、しかもその最前列中央には松下幸之助さんが座り、私をじっと見上げている。そうした状況で松下幸之助さんの「人間観」を語るのだから、緊張しないわけがない。

私は壇上から、精一杯に話をした。松下幸之助さんの人間観とはどういうものか。この人間観がいかにこれからの時代を考える上で大事なもので、なぜこうした考え方をしなければいけないのか。小一時間にわたってスピーチをした。

経営研究会でのスピーチがひとまず終わって一息ついていると、松下幸之助さんが、

「わしはこれから西宮に帰る。キミ、一緒に車に乗れや」

正直、荷が重く感じていた経営研究会での緊張のスピーチから解き放たれた私は、与えられた重責を全うしたことを車中でねぎらってもらえるものと期待して、松下さんの乗る車に同乗した。

しかし、車中で待っていたのは、それとは正反対の時間だった。松下幸之助さんの自宅のある西宮へ向かう車の中で、私を待ち構えていたのは、松下さんからの厳しい注意であった。


「キミ、説明のしすぎや。もうちょっとしゃべり方を注意せんとあかん。人間の偉大さとともに、その責任の大きさをなぜ、もっと強調せんのや。ああいう話し方ではダメや」

松下さんからすれば、注意程度だったと今にして思うが、私にとっては「叱られた」という感覚であった。叱られ続け、西宮へ着くまでの四十五分間ほど、身の縮む思いで過ごした。

西宮へ着くと松下さんは自宅の前で車を降り、私はそのまま松下さんの車で最寄り駅まで乗せてもらった。

私なりに一生懸命に話したつもりだったが、どうやら力が入りすぎていたようだ。会社の幹部たちを前に話すにしては、やや「上から目線」で話しているように受け取られたのかもしれない。また、確かに人間は偉大だということを強調し過ぎたかもしれない。私としては決してそのような意識はなかったのだが、一生懸命に話さなければいけないという思いが強すぎて、そのような話しぶりになっていたのであろう。そのことに気づいて、深く反省した。

しかし、その失敗、そして反省の内容そのものよりも、車中で受けた松下幸之助さんからの叱責に強いショックを受け、「このままクビになってしまうかもしれない」とさえ思った。

新たな仕事を指示

その二日後のこと、松下幸之助さんから私の元へ電話がかかってきた。

「キミ、わしの人間観の話をあそこへ行って話してきてくれや」

「あそこ」というのは、奈良にある松下電器の事業部のこと。『人間を考える』の執筆により、自身の人間観の集大成とした、その考え方を松下電器の社員の隅々にまで徹底させたい。そのためには、幹部を集めた経営研究会だけでなく全国の事業場で勉強会を開いて、自分の人間観の話をしてきてほしいと言うのだ。その手はじめとして行ってきてくれと言う。

そして、松下幸之助さんは「話の内容は、キミが経営研究会で話した内容をもとにしてくれればいい」と言ってくれた。その連絡を受けたときの喜びは忘れられない。

そこから私の全国行脚が始まった。もちろん話し方は工夫した。話す内容も工夫した。創業者であり、会長（当時）である松下幸之助さんの代理で、社員に向けて話すとなれば、話の仕方、話す内容により一層の気配りが必要となる。事業場の勉強会での私の話が「上から目線」とならないよう、また、話す内容も、自分なりの工夫をして話すようにしたのは当然のことである。

しばらくは、全国の事業場を回って松下さんの人間観の話をしてきては、それを松下さんに報告する日々を送ることになった。松下さんは、私が事業場での勉強会の報告をするたびに、「それでいい、それでいい」と穏やかな顔で頷いてくれた。

上司から叱られれば、部下は自分が全否定されたように感じ、どうしても気が沈む。そうしたところに、「ところで君、この仕事をやってくれないか」と新たな役目を与えられれば、叱られて酷《ひど》く気落ちしていても、「見捨てられたのではない」、「評価が下げられたのではない」と逆にやる気が出てくる。「今度こそは頑張ってやろう」と思うものである。

要するに、叱られたほうは自分が否定されたと思っているが、そこからすかさず新たな仕事を与えられれば、まだ自分は認めてもらえている、肯定されていると思い直すことができる。元気が出てくる。やる気が出てくる。「否定された悲しみ」が「肯定された喜び」に変わる。

同じようなことは、それ以降に何度もあった。とくに、私がＰＨＰ研究所の経営を担当するようになって以降、松下さんの叱責は厳しさを増した。しかし、松下さんから厳しく叱責を受けて私が落ち込んで帰宅すると、たいてい、松下さんから電話がかかってきた。「先ほどは申し訳ありませんでした。お叱りを受けて反省いたしました」というようなことを私が言うと、松下さんは、「わかってくれればええんや。かまへん。ところで、今、電話したのはな、こういうことをやりたいと思っているんやけど、キミ、やってくれるか？」と、松下さんは決まってそう言い、新たに私が取り組むべき仕事の話を切り出した。

松下幸之助さんは、そうした叱った後のフォローの仕方がとても上手だった。いざ叱るとなれば、部下が震え上がり、ときには気を失って卒倒するまでの激しい叱り方をしたが、決して「叱りっぱなし」にはしなかったのである。

松下さん本人が意図してそうしていたのかどうかはわからない。ただ、叱られた側はそのことによって救われた思いを抱いたのは事実である。

抜いた刀を鞘におさめる

叱られれば誰でも気分は落ち込み、できれば叱られたくないと思う。ところで一方の叱る側はどうだろう。気持ちよく叱るということはまずない。叱るということは、誰にとっても嫌なものだ。

叱られれば部下も反発する。部下のやる気を削いでしまうことにもなる。そういう意味では、叱る上司の思いとは、刀を抜く武士のようなものだ。刀を抜いてしまえば、何事かが起きずには済まされない。かといって武士がいったん刀を抜いたからには、簡単に鞘に戻すこともできない。

上司が部下を叱ったとき、つまりは刀を抜いて、「お前を切るぞ。どうしてこんなことをした！」と凄んだならば、部下は「これからはやりませんから、どうか切らないでください」と詫びることになる。そこで上司は、「よし。わかったならば帰れ」とその場を終わらせる。しかし、抜いた刀はそのままなのだ。そのままというのは、叱った側もまた、「きつく言い過ぎたのではないか」、「あの言い方で自分の考えがちゃんと伝わっただろうか」という思いが残り続けるということである。抜いた刀はいつまでも納まりがつかないのだ。

では、どうすれば刀は元の鞘に納まるのか。実を言うと、上司が抜いた刀を納めるのは、意外に思うかもしれないが、部下の役目なのだ。しばらくして、叱られた部下の方から、上司に改めて詫びを入れるのである。

「昨日は申し訳ございませんでした。ご指摘をいただいて一晩考えましたが、私のなにがいけなかったのか、はっきりとわかりました。これを反省し、二度と繰り返さないよう努めます」

部下のほうから改めて、そうした詫びを入れれば、上司も「そうか。わかってくれたか」と、刀を鞘に納めることができる。

それと同時に上司がなにを思うかというと、その部下を「なかなかデキる部下だ」と思う。さらには、「この者は只者にあらず。愛《う》い奴じゃなあ」とまで思うに違いない。

自分が経営者となって叱る立場になって、部下がそのように言ってきたときに、実際に、「これは、なかなかデキる部下だな」、「彼を育ててやらないといけないな」と思ったものである。

私が松下幸之助さんに再度の詫びを入れるようにしていたのは、「これを機に上手く取り入ろう」と考えたのではなく、本当に心から反省してのことであったが、後年、経営者としての経験を経てから改めて振り返ると、当時の松下さんも私に対して、それなりの評価をしてくれたのではないかと思う。

叱りっぱなしでもダメ、叱られっぱなしでもダメ。「叱る」という行為をめぐっては、どちらの立場にあっても、「ぱなし」は厳禁だ。誰でも、日々、叱り叱られの毎日を過ごしていることと思うが、「叱りっぱなし」ではいけない、「叱られっぱなし」ではいけないということに関して、身につまされる人も多いかと思うが、いかがであろうか。

一生懸命に叱る

叱る、叱られるということは、上司にとっても部下にとっても、どうにも後味の悪いものだ。そうした後味の悪さを残さないためには、叱っているその場で、あるいは叱った後で、部下の心が傷つかないようにフォローする必要がある。

部下の成長を期待して叱ったつもりでも、その気持ちが部下に伝わっているかどうかはわからない。部下もまた人間だ。叱られることによって一時的に気持ちが落ち込むだけでなく、仕事に対する意欲を失ってしまうこともあるだろう。そうしたときに、決して「叱りっぱなし」にしないことが大切なのである。

社会のなかで生きていれば、そのなかで多くの人との関わりが生まれる。ときには、ぶつかり合い、気持ちのすれ違いも生まれることだろう。それは社会的な生活を営む人間の宿命だ。大切なのは問題が起きた後の対処で、すれ違いの生じた関係をいかに修復するかということなのである。

部下を叱った後に、また上司とぶつかり合った後に、決して「ぱなし」にすることなく、互いに、どうやって関係を修復するか。そこを考え、対処することが、社会生活のなかでは欠かせない。

部下も、上司に叱られて気が滅入る。上司も、部下を叱って気持ちの納まりがつかない。それを双方が、そのまま放っておいてしまうのでは、先々によい結末がもたらされるはずがない。

果たして、あの叱り方でよかったのだろうか。自分が同じように叱られたらどのように思うだろうか。上司はそこに考えを巡らし、必要に応じたフォローをしていく。そして部下もまた、どうして自分は叱られたのか、上司はどういう気持ちで叱っていたのかに思いを巡らす。そのような心遣いが必要ではないかと思う。

誤った叱り方をしたために、上司と部下の関係にヒビが入ってしまうということはよくあることだ。それをそのままにしてしまっては、先々に成すべきことも成せなくなる。そうならないためには、いつ叱るか、どう叱るかを考えるだけでなく、叱った後のフォローをどうするかまでを考えてから、そのうえで一生懸命に叱る。そうした姿勢、心がけを私は松下幸之助さんから学んだのである。

二章

人格を否定しない叱り方

人格を否定してはいけない

「おい、〇〇、また遅刻か？」

「すみません。じつは、家を出てから忘れ物に気づきまして――」

「君は先月も三回は遅刻してきたよな。この前の商談だって、『商談の一週間前までに提案書を見せろ』と言っておいたのに、提出してきたのは、その前日だったよな。あまりにもルーズすぎないか？」

「はい」

「だいたい君は、なにをやるにもぐずぐずし過ぎなんだよ！　仕事に対する考えが甘いんじゃないのか？」

「自分なりのペースで頑張っているつもりなのですが――」

「だからお前はダメなんだ。だいたい、能力がないんだ、お前は。もういい、さっさと仕事をはじめろ」

まさか、ここまでひどい叱り方をしている人はいないとは思うが、部下の行為について叱っているつもりが、次第に部下の人格への非難、否定につながっていってしまうということは、よくあることだ。はじめは、正すべき行為について叱っているつもりが、指導していくうちに自分が興奮して、終《つ》いには部下の人格攻撃が始まってしまう。

世間一般で言われる「叱る」と「怒る」の違いについては、既に多くの人たちが十分に理解していると思う。「怒る」というのは、相手の行動によって生じた自分の怒りを一方的にぶつける行為である。自分の感情を爆発させているだけで、相手の気持ちをまったく考えていない。一方で、「叱る」というのは相手のため、相手の成長を思って教え諭す行為である。

部下を指導するときに注意しなければならないことは、決して感情的になってはいけないということだ。

もちろんときと場合によっては、激怒することもまた必要だ。しかし、あくまでも冷静に考えて激怒しなければならない。「冷静に考えて叱り、感情いっぱいにほめる」ということが部下指導の王道だと私は考えている。

感情的になって叱ると、どうしても部下への人格攻撃につながっていってしまう。仕事上の失敗について叱っているつもりが、「だからお前はダメなんだ」という言い方になってしまうのである。こうした人格を否定するような叱り方をすると、どうしても上司と部下の信頼関係が崩れ、溝が深まっていく。部下も感情的に反発する。さらには、その上司に怨みを持つようになる。そうなると、後からどう取り繕おうとしても、そうして悪化した関係を修復しようとしても、なかなか難しくなる。

思いやりのある言葉で叱る

言葉というのは恐いもので、どうしてもその人の持つ人間観や品性が表に出てきてしまう。部下に言葉をかけるときには、決して横柄な話し方をすべきではない。「お前は能力が足りないんだ」ということを勢いに任せて汚い言葉で言ってしまえば、言っている内容以前にその言葉遣いだけで、部下は自分の人格が否定されていると感じてしまう。

いくら叱らなければいけない局面であっても、そうして汚い言葉で罵《ののし》るくらいなら、なにも言わないほうがまだいい。バカだのアホだのテメエだのといった言葉遣いをしているようでは、とても上司として求められる人間的魅力や人徳が備わっているとは言えない。なにもお公家様のような気取った言葉遣いをしたほうがよいというわけではない。ただ、激怒しても、叱責しても、相手への思いやりのある言葉遣いをすべきだということである。上司が心から投げかける言葉であるからこそ、部下の心にも伝わるのである。

上司が部下に対して丁寧すぎる言葉を使うと、むしろ心を開いていない、冷たい印象を与えてしまうと思うかもしれないが、冷たく受け取られてしまうならば、それは心からの言葉ではないからだ。思いやりのない、口先だけの言葉だから、冷たく感じるのであって、心から出た言葉であれば必ず部下の心に届く。

私は、部下を呼ぶ際には必ず、「○○さん」と言い、決して呼び捨てにしないようにしていた。今でも、年下の人に対しても、「おはよう」、「ありがとう」ではなく、必ず「おはようございます」、「ありがとうございます」と言うようにしている。それは、ひとつは、松下さんに教えられた、「人間、誰でもダイヤモンドを持っている存在」と考えているからだ。

これはあくまでも私個人のこだわりであって、誰もがそうすべきだということではないのだが、上司が部下に声をかけるならば、上司としてふさわしい言葉を投げかけたいものである。部下を叱る際にも、品性の感じられない罵詈雑言で部下の心を切り捨てるのではなく、部下の人格を肯定する言葉を選ぶべきであろう。

上司としてのプライドは、部下に対して権限や権力をかざすことで保たれるのではない。部下に対して常に思いやりの心を持てるかどうか。そこにこそ上司としてのプライドが存在しているのである。

酒の場で叱ってはいけない

終業後にわざわざ数人の部下を飲みに誘い、酒の力を借りて叱責する上司がよくいる。これはいかがなものかと私は思う。

いわゆる「飲みニケーション」をするのだと言うが、酒を飲みながらとるコミュニケーションを部下指導の場と考えたり、あるいは上司が自分の方針を示す場として利用したりするのは、そもそもあまり好ましいことではない。

「今日はお互いに腹を割って話そう」とは言うものの、酔った勢いで言いたい放題のことを話し、腹を割ったつもりになっているのは上司だけである。「今日はお互いに好きなことを言い合おうじゃないか」と、あたかも自分が理解ある上司であるようなことを示しているつもりでいても、部下のほうは「なんだ、酒の力を借りなければなにも言えないのか」と思うだけである。

なかには、酔いの進んだ上司が部下への個人攻撃を始める。「好きなことを言い合おう」と言っておきながら、好きなことを言うのは上司だけ。部下が心に秘めた本音を漏らそうものなら、罵倒するがごとく、やり込める。部下もそうなることがわかっているので、「はい、はい」と表面上は上司の叱責を、しおらしく受け止めているふりをする。しかしそれは、そうしたふりをしているだけに過ぎない。

結局のところ、「両目で酔っ払っているのは上司」だけで、部下は「片方の目は酔っ払っていても、もう片方の目は酔っていない」。部下は醒めているほうの目で冷静に上司のことを、しっかりと観察しているのである。

松下幸之助さんは、部下を飲みに連れて行ったり、食事に誘ったりすることをほとんどしなかった。それは自身があまり酒を飲まなかったということもあるかもしれないが、やはり意図的にそうしていたのだと思う。そのようなことをしなくても、部下を育てていけるという自信があったからではないだろうか。

酒を飲みながらのコミュニケーションで和気藹々と会話を楽しんだり、職場の結束力を高めるための交流に役立てたりするのはよいが、本来、人材育成やリーダーシップを発揮する場所は会社のなかですべきこと。叱るときも会社で叱る。ほめるときも会社のなかでほめる。仕事上の問題はすべて会社のなかで解決する。決して酒の力を借りて部下の指導をしたり、叱責するような卑怯な上司になってはいけない。

部下に手を合わせる

私は二十三年間、松下幸之助さんの側《そば》で仕事をした。実は秘書の頃には、松下さんから叱られる機会はそれほど多かったわけではない。しかし、私がＰＨＰ研究所の経営に携わるようになってからは、相当厳しく叱られた。ただ、どんなに厳しく叱られても、松下さんに対して恨めしく思ったことは一度もない。

それは、松下さんが一生懸命に叱ってくれるその根底に、私の人格を認めてくれている、私という存在を尊重してくれているという思いを、一貫して感じ取ることができたからである。

松下幸之助さんのもとで働いていた人たちは皆、松下さんから叱られたことを自慢げに話す。過ぎ去った失敗談を笑い話に変えて話すことはよくあることだが、それともまた違って、松下さんから叱られた思い出話を本当に嬉しそうに語るのである。

現役時代も、幹部たちからよく、「昨日《きのう》、松下さんからこう言って叱られたんだよ」という自慢話を聞かされた。それは、松下さんが叱るということは、その相手のことを認めている証拠だということを誰もが感じていたからだと思う。

松下幸之助さんはよく、「部下に手を合わせることができないような上司はダメだ」と言っていた。それはいったい、どのようなことなのか。

人格を傷つけない

明治・大正時代の高僧に釈宗演《しゃくそうえん》というお坊さんがいた。鎌倉・円覚寺の管長を務め、日本人の僧としてはじめて禅を「ZEN」として欧米に伝えた人物としても知られている。

宗演が小坊主であった頃、京都・建仁寺の俊崕《しゅんがい》和尚という高名な学問僧のもとで修行をしていた。ある日、めったに出かけることのない俊崕和尚が外出することとなり、宗演は和尚が不在の間、部屋の掃除をしておくように指示された。

和尚が出かけると宗演は掃除もせずに、和尚の居間から本堂へと続く渡り廊下で、ぽかぽかと暖かい日差しを受けながら昼寝を始めてしまった。宗演がうとうとと気持ちよく寝入ろうとしていると、ほどなくして渡り廊下の板張りの床がミシミシと音を立てる。宗演が薄目を開けて様子を伺うと、出かけたはずの和尚が、忘れ物でもしたのか帰ってきていたのである。

和尚はすでに近くまで来ていて、今さら飛び起きるわけにもいかない。宗演が身を固くしてじっと寝たふりをしていると、和尚は寝転がる宗演のすぐ横のところで足を止めた。小坊主が和尚の言いつけを守らずに、さぼって昼寝をしているということは大変なことなので、和尚から「掃除をさぼって昼寝をするとは何事だ！」と怒鳴られ、思い切り蹴飛ばされるに違いないと宗演は身を固くしていた。しかし、俊崖和尚は宗演を蹴飛ばすことなどはせずに、なんと小声で「ごめんなされや」と言って、宗演の横を通り過ぎていったという。

このことに宗演はいたく感動した。ひどく叱られても仕方のない状況でありながら、尊敬する和尚が小坊主である自分を気遣い、「ごめんなされや」と言って、通り過ぎて行った。自分を一人の人間として気遣い、認めてくれていると感じ、涙が出るほどに感激した。

それから宗演は大発奮して修行に励み、わずか三十四歳という若さで臨済宗円覚寺派の本山である、鎌倉の円覚寺の管長にまでなる。俊崖和尚が小坊主であった宗演の人格を認め、一人の人間として尊重したことが、宗演がここまで大きく育つきっかけをつくったのである。

松下幸之助さんが「部下に手を合わせることができないような上司はダメだ」と言う言葉の奥には、この俊崕和尚に通じる「ごめんなされや」の精神があったと思う。だからこそ、松下さんから叱られた人は、腹を立てたり、恨めしく思ったりすることがなかったのではないか。

松下さんは、心のなかで、常に部下に対して手を合わせていたのだと思う。そして、「仕事の実力を身につけてもらいたい」、「人間的に成長してもらいたい」という、そのふたつを常に部下に対して考えていたのだろう。その人の本質、その人のなかにある能力や人格に向かって、まるで仏さまを拝むように手を合わせていたのである。

人間は誰しも偉大な本質を持っている。ダイヤモンドを持っている。そうした思いが部下に伝わり、松下さんもまた多くの「小坊主たち」を一人前に育て上げていったのだ。

人間の尊厳が前提

部下の本質、部下の持って生まれた人間的能力、あるいは、その部下の人格そのものを見つめる姿勢が上司には求められる。そうした思いを感じ取ることのできる叱り方であれば、どれほど厳しく叱られても部下は自分の人格が否定されたと感じることはなく、むしろ叱られたことを喜びにさえ感じるようになる。反対に「人間とはなにか」を考えたことのない上司、部下の持つ人間としての本質に対する絶対的な評価ができない上司は、上司としての資格がないと私は思っている。

昔から自分の受け持つ部署の成績ばかりを気にして、部下を見ず、人間とはなにかを考えない人はいたが、最近はカネ、カネ、カネ。結果だけを追い求める上司が増えているように感じる。だが、もう一度、上司としての自分はどうあるべきかを考えてみてほしいと思う。本来、上司となるべき人は、「どうやって成果を出すか」を考える以前に、「人間とはなにか」を考えるべきだ。「人」を追いかけるべきであると思う。

もし一度も人間とはなにかということに思いを馳せたことのない上司がいるとすれば、それは部下の成長を促し、部下の能力を引き出すということを真剣に考えたことがない証拠だ。そのような上司にチームをまとめあげ、部下をリードしていくことができるはずがない。

部下の人間としての尊厳を大切にできる上司であれば、決して権限や権力をかざして上から押さえつけるような部下指導はしないはずである。部下たちも、当然のことながらすべて尊厳を持つ「人間」である。そうした人間の持つ偉大な力を活用し、組織をまとめあげていくのが上司という存在なのだ。

日頃から期待の言葉をかける

一章では、松下幸之助さんが行《おこな》っていた叱った後のフォローについて紹介したが、松下さんは叱った後だけでなく、常日頃から部下への期待の言葉、部下の人格を肯定する言葉を投げかけていた。

「たいしたもんや、君の能力は」
「キミ、力を貸してくれや」
「あんたの力を頼りにしとるんや」

松下さんが、本気でそう言ってくれていることがわかるからこそ、部下の側でも、「これほどまでに自分を肯定してくれている松下さんの期待を裏切ることはできない」と感動しつつ、やってやろうと自分に誓う。

人間は宇宙の動きに順応しつつ、万物を支配する力がその本性として与えられている。すべての人間はそうした本質を持っている。それが松下幸之助さんの人間観だった。それゆえ、どんなに自分が成功しても、相手を小馬鹿にすることはなかった。見下すことはなかった。それどころか、部下に対しても心のなかで手を合わせ続け、感謝していた。

松下さんのそうした姿を目の当たりにしていると、上司が部下に対して尊大な態度を取ることの間違いがよくわかる。横柄な言葉で威張りちらし、偉そうに振舞うことが、人として、いかに愚かなことであるかが、私にははっきりとわかった。

心のなかで部下を小馬鹿にする気持ちを抱きつつ、調子のいいことを言っても、部下にはすぐに見抜かれる。逆に部下に対する思いやりと期待を持ち、「ありがとう、君たちのおかげだよ」と心からの感謝ができる心があれば、言葉でどんなに厳しい叱責をしたとしても、決して部下の心が離れていくことはない。

自分への批判を受け入れる度量

松下幸之助さんは部下の人格を否定するような叱り方をしなかったと同時に、他人に対して、無意味な批判、批判のための批判をしたりすることもない人だった。それどころか逆に、自分を批判する人の話に積極的に耳を傾けていた。

京都・大徳寺に立花大亀《たちばなだいき》という有名な老師がいた。戦後、荒廃した大徳寺を再興させ、晩年は百五歳まで生きて（平成十七年没）、臨済宗大徳寺派顧問として政財界に幅広い交友を持つ老師として知られていた。

若くして出世し、ゆくゆくは当然、管長となると目された高僧だったが、大亀老師はみずからその道を捨てた。原則として禅寺、とくに本山の管長は結婚することができない。ところが、大亀老師は「わしゃ、管長なんかになるより、女のほうが好きだ」と、管長となる道を捨て、さっさと結婚した。なかなかの傑物というより、怪僧であった。

そのような豪胆なお坊さんで、何事にも臆する様子もなく、話をしていても、いわば「言いたい放題」。そうしたところがまた、名を成した政治家、経営者たちにとっての魅力となったのか、多くの政財界のトップたちとの交流を持っていた。松下幸之助さんもその一人だった。

松下さんとは長い付き合いをしていた大亀老師だったが、一時期は松下さんのことを盛んに批判していたことがあったことを知っている人は、今は、あまりいないかもしれない。

ＰＨＰ研究所を設立し、国民啓蒙運動などにも乗り出していた松下さんに対し、とくに松下さんが社長から会長になって、これからは自分のやりたいＰＨＰ活動をすると言うようになった頃から、「わざわざ商売人がそのようなことをやらなくてもいい」といった批判を、事あるごとに、いろいろな場所で言って回っていたのである。とりわけ、松下さんが会長から相談役になった昭和四十八年以降は一層激しくなった。

いかに高名な禅僧とはいえ、「商売人のくせに」などといった発言はないだろうと、私は内心、憤りを感じていた。

ある日のこと、松下さんが、「今度、大亀さんと一緒に食事をしようや。連絡してくれんか」と言い出した。「老師」とは言っているが、実は松下さんのほうが六歳ほど年長である。さすがに松下さんも腹に据えかねて、大亀老師に自分の思いを言おうということなのだろうと私は思った。

禅僧の変心

約束を入れた日に、大亀老師が黄色い法衣《ほうえ》を颯爽と翻しながらやってきた。対面するなり、「松下君！ あんたな、日頃から姿勢が悪い！」と言うと、いきなり、松下さんの背中をバンと叩きながら、姿勢を矯正する。もともと体が弱く、既に老齢となっていた松下さんなので、私は、横から見ていても気が気ではなかった。

松下さんはニコニコ笑いながら、「こうでっか？ こうでっか？」と言いながら何度も姿勢を直し、ようやく老師から「それでいい」と言われると、松下さんは、「これから私も気をつけんといけませんな」と言いながら座った。

食事が始まると、松下さんは「ご老師、なにかひとつ私に注意するところはありまへんか」と言う。ここぞとばかり、老師は、「だいたいな、松下君！　君は商売人だろう？」と話し始める。松下さんは老師の話を聞きながら、「そうでっか、そうでっか。私はやらんほうがよろしいか」というようなことを言っている。そばで話を聞いている私のほうが腹が立つほど、老師は言いたい放題。

それから一時間ほど、食事をしながら厳しい話が続いた。そして、大亀老師の話がいよいよ尽きた。「ご老師の話はいつも示唆に富んで、いろいろと勉強になりますわ」と松下さんが言い、だから、私は、そろそろ大亀老師には帰ってもらう頃合いかとうかがっていると、松下さんは、さらに、こう言ったのである。

「ご老師、もっとありまへんか？」

大亀老師は言いたい放題言ったところだったので、同じような話を少しトーンダウンしながら繰り返すばかり。そのようなやり取りが二十分ほど続き、いよいよ話題が尽きて、大亀老師の話も途切れがちになった。

そこへまた松下さんが、「もっとありまへんか？」と言うのである。それには大亀老師も答えようがなく、まったく今までとは関係のない話をしはじめた。

あとは他愛もない雑談が続くばかりで、老師の口からは、もう批判めいた話は出なくなっていた。二時間ほどで会食は終わった。

それから松下さんは「今日はよう来てくれました。いろいろお話をうかがって大変参考になりました」と大亀老師を玄関まで見送る。そこから先は私が門までお見送りをした。禅宗の高僧は、振り返って幸之助さんに挨拶などすることもなく、すたすたと門まで歩いていき、私がその後を追いかける。

ところが大亀老師は歩みを進めながらも、「松下君はやはり偉いな。なかなかできておるわ」と呟くように言った言葉は、いまでも耳の底に残っている。そして、面白いことに、それ以後、大亀老師が松下幸之助さんの批判をすることは一切なかった。

尋ねながら、叱る

松下幸之助さんは、自分を批判する人を遠ざけるのではなく、むしろ積極的にその声に耳を傾けようとした。その結果、批判していた人のほとんどが、松下さんのファンとなっていった。

上司が部下を叱る際にも、上司は日頃から、部下の考えに対して、十分に耳を傾けていなければならない。「言い訳ばかりしやがって」と頭ごなしに否定するよりも、部下の考えを十分に理解しているほうが、部下は上司に敬意を寄せるものである。

まして日頃、自分を批判している部下を呼んで、そうか、そうかと松下さんのように静かに話を聞くことは、非常に難しいことである。松下幸之助さんには、さまざまなことを学び、真似て実践することを心がけてきたが、その私も、自分を批判する相手にかくも寛容に接するということは、なかなか真似ができなかった。しかし、上司は部下に意見や注意をするだけではなく、この松下幸之助さんのように自分を批判する者の話を積極的に聞いたように、上司が自分に好意的でない部下の考えに耳を傾けることが、実は逆に「聞きながら叱る」、「尋ねながら、非を悟らせる」という叱り方にもなるということは、知っておいていいことではないだろうか。

大亀老師は、松下幸之助さんを「叱った」が、実際には、松下さんが大亀老師を「叱った」のである。

諫言に耳を傾けた戦国武将

戦国時代に信長、秀吉に仕えた堀秀政は、文武に秀でた名将として名高いが、その秀政の城下に、秀政の治世の悪い点を三十二、三個条、書き並べた大札を立てた者がいた。重臣たちは、「このようなことをした者は必ず召し取って、仕置きすべし」と言ったが、秀政はその札をつくづく見ていたが、なにを思ったか、立って袴をはいて正装し、手と口をすすぎ、その大札をおしいただいた。そして、「こんな諫言をしてくれる者はめったにいない。だから、これを天が与え給もうたものと考え、当家の宝としよう」と言って、立派な袋に入れ、箱におさめた。そして、役人を集め、その一条一条を検討し、治世について改めるところは全部改めたという。

職場で上に立つ者は、部下の意見や情報に耳を傾けるのは当然である。その場合、大事なのは、いいことよりも、むしろ悪いことを多く聞くということである。しかし、残念ながら、松下さんや堀秀政のような上司は、ほとんどいない。耳障りのいいことばかりを聞こうとする。しかし、逆である。批判してくれる人を大事にする。意見を言ってくれる人を呼び寄せる。そうすることにより、職場の問題点や改善すべき点を知り、部下が、なにに不満を持っているかを知る。そして、正すべきは正し、実行する。その姿勢は、必ずや部下の士気を高め、上司への信頼を高める。

「叱る」ことの正しさを担保するのは、日頃の、こうした上司の姿勢なのである。

個室で叱る

上司が部下を叱る際には、どのような状況で叱るべきなのか。

もっと具体的に言えば、大部屋で他の人も大勢いるなかで叱るべきか、それとも個室へ呼び、一対一で叱るべきか。そのどちらで叱るのがよいのか。これは間違いなく、部下の気持ちを考えて個室に呼んで一対一で叱るべきである。

とはいえ、部下と二人きりの状況で叱るというのは、上司としての度量が問われる。一対一の状況で叱れば、部下も「私はそのようなつもりでやっていたわけではありません」と言い返してくることもある。それを越えて部下を指導叱責しなければいけない。そのためついつい部下の反発を恐れて、大勢の人のいる前で叱ってしまう人がいる。しかし、他の人のいるところで叱れば、部下は周囲を気にするし、叱られる姿を人目にさらされることで自尊心が傷つけられることにもなる。それはまた部下の人格を否定することにつながってしまう。私自身が部下を叱るときには、できる限り一対一の状況を作って叱るようにしていた。

では松下幸之助さんの場合はどうだったかというと、私の考えとはまったく逆に、会議の場や職場など、周りに大勢の人のいる場で部下を叱ることがよくあった。それは、一人の失敗を他の人にも共有させ、職場全体において同じ失敗を繰り返させないために、敢えて、そうしていたのである。

しかし、それは松下さんだから許された叱り方だったと私は思っている。私を含め、普通の上司が叱る際には、大勢の前で部下を叱れば部下の尊厳は大きく傷つく。松下さんがあえて大部屋で部下を叱っていたのは、松下さんの日頃の考えや思い、人間観、また、人間的な魅力があってこそ成り立っていたことなのである。

むしろ周囲の人は、「あの人は松下さんからこんなに一生懸命に叱られてうらやましい」と、多分、感じていたのではなかったかと思う。

ただし、松下さんのような人望、力量のない我々が同じことをしたらどうだろう。おそらくは、「わざわざみんなの前で叱って恥をかかせやがって」と部下から逆恨みされるのではないだろうか。また、それを聞いている周囲の人たちも、わざわざ、われわれがいるところで、いわば満座のなかで彼を叱らなくてもいいのにという思いになるだろう。

部下を叱るときには、個室に呼び、一対一で叱る。部下の人格を否定することなく、心からの期待を込めて叱る。それが好ましい上司の叱り方の鉄則だと私は考えている。

三章

場当たり思いつきでない叱り方

場当たり、思いつき、気分で叱らない

「この前はああ言っていたのに、今日は言っていることが違う」
「同じような失敗をしたのに、あいつは叱られないのに自分だけが叱られる」
「いつもと同じようにやっているのに叱られた。なにを考えているのか」

部下にそうした印象を抱かせる叱り方をする上司がいる。そのように上司がいつも言っていることと違うことを言って叱ったり、同じようなミスをしているのに他の人は叱らずに自分だけが叱られたりすると、叱られた部下は上司の一貫性のない叱り方に憤りと反感と不信感を覚える。

上司たる人は一貫した判断基準を持ち、それを軸として叱らなければ、部下はついてこないことを認識、理解しておかなければならない。叱る叱らないの判断基準が曖昧で、その場その場で場当たり的に叱る、その場の思いつきで叱るというのでは、叱られた部下は戸惑うばかり。そのときの気分しだいで叱ったり、叱らなかったりでは、部下は自分がど

う行動すべきかの判断ができない。

そもそも、「叱る」という行為の目的とは、なんだろうか。

「部下の成長を促すため」ということが大前提の目的となるが、もう一つは、「会社の理念や上司の方針を徹底させるため」という目的がある。

世の中では、法律に反したことをすれば罰せられる。学校では、校則違反をすれば先生から注意される。それと同じことで、部下が会社の理念や上司の示す方針に大きく反したことをしていたら、望ましくない行動、正すべき考え方として、上司は部下を厳しく叱り導く必要があるのだ。

部下に対して、「そのくらいのことは常識で判断できるだろう」と思う場面が多いようであれば、それこそが大きな間違い。これからの社会では、価値観の多様化がますます進んでいく。特に現在二十代の社員たちは、子どもの頃から「自分らしさが大切」、「差別化、個別化が大事」と言われて育ってきた世代である。人それぞれが自分の価値観を持ち、自分の考え方に従って行動するのが、二十一世紀の現代社会に生きる人たちの特徴なのだ。そうしたなかで、ひと昔もふた昔も前の「常識」という基準を用いて組織やチームを一つにまとめていくことは、なかなか難しくなっているのが現在なのである。

「自分の価値観で考えれば、こういうときは必ずこうするはず。部下も同じ考えでいてくれるに違いない」と上司が思っていたとしても、部下がそうであるとは限らない。自分の考えというものは、あくまでも自分だけが考えていることだと思っておいたほうがいい。「阿吽《あうん》の呼吸」という言葉はもう死語となってしまっている。人が百人いれば、百通りの考え方があるのだ。

だからこそ、上司は部下に指示を与えるときには、しっかりと「方針」を示す必要がある。「方針」を出さず、すべてを部下の判断に任せるような指示をしていては、部下は望み通りに動いてくれない、あるいは自分勝手な行動をはじめるということになってしまう。

理念・方針をしっかり持って叱る

松下幸之助さんは部下に仕事を与える際に、その仕事を進めるにあたっての考え方、方針を伝えた。すなわち、「基本理念と具体的方針と最終目標」を提示していた。なんのためにやるのか、どのような心構えで取り組むのか、また最終着地点はどこかなどを、しっかりと示していた。

また、そうした個別の仕事を任せるときに示す方針、考え方のほかに、あらゆる場面において企業理念を常日頃から社員に語って聞かせていた。そして部下指導の際にも、その理念・方針を基準として行っていた。

松下さんの側《そば》で仕事をするようになってからは、毎日のように電話がかかってきて、松下さんのところへ出かけて行った。しかし、私が三十六歳でPHP研究所の実質的な経営責任者となってから二年ほどは、厳しく叱責されることがたびたびあった。電話での松下さんの声のトーンで、「今日は叱られるな」とわかっているから、恐る恐る松下さんの部屋に入っていく。普段であれば、にこやかな笑顔で迎えてくれるが、そのようなときには、挨拶をしても返事がない。そして、大抵三時間、五、六回は叱責されたと記憶している。

同じような失敗をしても慰められるときもあった。はじめのうちは、どうしてこのように叱られるのか、ほめられるのか、わからずに戸惑っていたが、松下さんが私を叱るとき、また、ほめたり、慰めたりする場面には一定の原則があるということに、私は二、三年ほど経ってから、気がついた。二、三年も経ってからだから、我ながら随分と鈍感であったと思う。

「叱る」基準

気がついたことは、松下さんの示す方針に従って成功すれば、ほめられ、方針に従っていながら、失敗したときには、慰められ、励ましてくれるということがわかったのである。だが、方針に従わずに失敗したときには、酷《ひど》く叱責された。目から火が飛び出るほど、厳しく叱責された。ときに、方針に従わずに私の勝手な判断でうまくいく場合もあったが、そうしたときは冷たい反応しかなかった。「ああ、そうか」。その一言で終わった。

要は、松下さんの「叱る基準」は、「方針」だということ、「叱る叱らないの物差し」は、松下さんが示した「方針」だということである。

だから、

・方針に沿って成功したときには、「ほめる」。
・方針に沿って失敗したときには、「慰める」。
・方針に反して成功したときには、「無視する」。
・方針に反して失敗したときには、「叱責する」。

ということである。

こうした一定の基準を持った叱られ方を繰り返し受けた結果、無意識のうちに私は、「松下幸之助さんの方針に従おう」、「松下さんの言うことを物差しとして積極的に活動していこう」と無意識に考えるようになっていった。

定価を上げない

松下幸之助さんには、ほめるべきとき、叱るべきときの明確な基準があることを知った一つは、次のようなでき事があったからでもある。

私がＰＨＰ研究所の経営を担当するようになって二、三年が経った頃の話である。ＰＨＰ研究所が発行している月刊誌『ＰＨＰ』をめぐって二つの問題が生じていた。

一つは、『ＰＨＰ』の定価があまりに安すぎると、多くの書店からクレームが来ていた。『ＰＨＰ』の当時の定価は百二十円であった。一方、その頃の一般的な週刊誌の値段は二百円くらいだった。しかし、週刊誌の場合は月に四回出るので、毎号購入する人がいれば、月の売上げは八百円になる。その点、『ＰＨＰ』誌は月刊誌だったので、毎号買う人がいても、月に百二十円の売上げにしかならない。書店が、「あまりに安すぎて、売っても店の売上げに寄与しない。もう少し定価を上げてくれ」と言うのである。

もう一つは、事業収益の問題である。定価が百二十円という安さであることに加え、『ＰＨＰ』誌は広告を、いっさい掲載していなかったので、広告収入がまったくない。そのために月刊誌単体としては、どうしても毎号が赤字となってしまっていたのである。

そうしたこともあって、私は松下幸之助さんのところへ指示を仰ぎに行った。定価を百二十円から百五十円に値上げしたいということを、その理由とともに提案したのである。

するとこ松下さんは、「う〜ん、このまま百二十円にしとこう」と言う。私が、「百二十円のままだと、いろいろと書店さんもお困りになっていますし、ＰＨＰ誌も赤字ですし——」と繰り返すと、松下さんは、「『ＰＨＰ』は機関誌なんや。啓蒙誌なんや」と、ＰＨＰ活動を、なんのためにはじめたのかということを話しはじめた。

『ＰＨＰ』は、世のため人のために出しているものだから、一人でもたくさんの人たちに読んでもらいたい。もっと言えば、子どもたち、中学生にも買って読んでもらいたい。多くの人たちに読んでもらうためには、できるだけ値段を抑えたい。「だから、キミ、百二十円で対応してくれへんか」と松下さんは言うのである。

「わかりました。それでは『ＰＨＰ』誌の定価は変更せずに、書店さんにはご説明し、また、月刊誌単体では赤字ということで今まで通りに出していきます。その代り、他の書籍の発行で経営全体としては黒字にしていきます」。私は、松下さんが安心するだろうと思って、そのように話した。

赤字は許さない

ところが、私がそういった途端に、松下さんの表情が一変した。

「キミ、誰が『ＰＨＰ』誌は赤字でいいと言った！　キミは経営というものがわかっておらん！」

経営の神様と呼ばれる人から、経営のことで叱られたら、もう取りつく島はない。しかし、ここで激怒されたときに、私は経営の本質を叩き込まれた。

松下幸之助さんがここで私を叱ったのは、こういうことだったと思う。要は、こっちは黒字であっちは赤字、しかし、全体として黒字。それでいいということになれば、どの部門の人にも同じように給料を払うのだから、赤字部門で働く人はどう考えるのか。赤字でも同じ給料がもらえるなら、努力しなくてもいいいと思う。当たり前だろう。一方の黒字部門の人はどうか。「あっちは赤字なのに俺らと同じ給料か」と思い、意欲を失う。それも当たり前だろう。そのために黒字部門もどんどん赤字になり、ついには会社全体も赤字、やがて倒産ということにもなりかねない。

事業単位ごとに黒字にする

要するに「悪貨が良貨を駆逐する」ようなもので、赤字部門があっても、全体が黒字ならそれでいいと考えてしまうと、社内の士気が緩んでいく。黒字部門も赤字化していく。松下さんの叱責の言いたいことは、そうしたことであったろう。

『ＰＨＰ』誌を黒字にすることを、キミは考えてへんのか！」と、激しく叱られた。

それからは、八方手を尽くして『ＰＨＰ』誌の黒字化を目指した。表紙絵を描いていただいていた画家の大家には、この月刊誌は、なんのためにあるのか、松下幸之助がどういう思いで取り組んでいるのかを熱意を込めて説明し、「今まで三十万円でお借りしていましたが、どうかその思いを汲んで無償で貸していただけませんでしょうか？」と頼み込み、「そうか、ならば協力しよう」と言ってもらった。その結果、月の制作費が三十万円浮いた。

また、複数の会社から見積書を取り寄せ、もっとも低い見積りを出した会社に切り替えたり、製紙会社の人に来てもらって、紙の厚さは変わらなくても、やや単価の安い紙に変更してもらったりした。それで製造コストが一冊につき一円五十銭か二円ほど安くなったのである。

そうやって様々な部分でコストカットを積み重ねていったところ、意外なことに『PHP』誌が単体で黒字化してしまった。本気になって今までのやり方を見直し、取り組んだら、本当に黒字化できたのである。

黒字になったことを報告に行くと松下さんは、「そんなに頑張って黒字になって、無理はしていないか？　先方に迷惑をかけていないか？」と言ったが、私が黒字化に至った段取りを説明すると、松下さんは、「迷惑をかけていないならいい。よかったやないか」と労《ねぎら》ってくれた。

黒字化の実現は、月刊誌『PHP』が、なんのために存在しているのかという原点に立ち返り、また、それぞれの事業単体で黒字化を目指すという松下さんの示す方針に従って努力した結果だ。要は、理念・方針に従い成功したことで、私は松下さんから「ほめられた」のである。

今、振り返れば、私は松下幸之助というお釈迦様の掌《たなごころ》の上で自由に飛び回っていたようなものだ。お釈迦様の手のひらの上にいる限りは、なにをやろうとお釈迦様も文句は言わない。自由に飛び回ることが許されていたのだ。

そうした意味で、松下幸之助さんの叱り方は、場当たりで叱るのでも、思いつきで叱るのでも、気分で叱るのでもなかった。しっかりとした「方針」を示し、それを基準として叱っていたのである。そのことがわかった途端に、私が松下さんから叱られる機会はほとんどなくなっていた。

自主独立の経営

その一方で、私がＰＨＰ研究所の経営を任されてしばらくした頃に、利益を上げること

について も叱られたことがある。

経営を任されて間もなく、それまでは赤字が当たり前だったPHP研究所の業績を、なんとかして黒字にしなければいけないということだけを私は考えていた。

松下幸之助さんにPHP研究所の経営報告をしていたある日のこと、自分では意識していなかったのだが、どうやら私が利益を強調しながら、説明していたようである。

そうすると松下さんの表情が段々と険しくなり、眉間に皺《しわ》が寄りはじめた。そしてついに、「キミは、なにを考えているんや！」と松下さんが語気強く言いはじめた。「さっきから聞いていると、利益、利益とばかり言っているが、金儲けのためにこの仕事をするんやない」と松下さんは言った。

PHP研究所の事業も、松下電器の事業も、世の中の人に喜んでもらうため、世の中の人のためになることをやりたいということからスタートしている。そのためにこうしたい、ああしたいという話ならいいが、利益ばかりに意識が向いているとは何事かというのが、そのときの叱責であった。もちろん会社を経営していく以上、業績を黒字化していくことは大切なことだが、そればかりに気を向けるのではなく、もっと大切なことを忘れてはいないか、ということなのである。

もちろん、私も世のため人のために存在しているというPHP研究所の理念・方針をわかっていたが、その時期の私は、確かにそうした理念・方針よりも先に会社の業績のことばかりが気になり、利益中心で経営を考えてしまっていたかもしれない。

その叱責を受けて以降は、理念・方針を決して忘れることなく、それと同時に業績も改善させて、PHP研究所の黒字化を実現させた。


また、松下さんには、「自主独立」、「独立独歩」、「会社が発展するもしないも社長一人の責任」という徹底した考え方があった。かつてのPHP研究所は、松下電器の支援によってなんとか経営を維持していた状態だったが、事業の業績が上向き、「もう支援は要りません。PHP研究所は自主独立でやっていきます」と私が宣言したときには、松下電器から激しく批判され、内部からは厳しく攻撃されたが、ただ一人、松下幸之助さんは非常に喜んでくれて、「キミ、よう決意してくれた。よし、やってくれ！」と背中を押してもらったことを、今でも嬉しく覚えている。

財界人からの批判

あるとき、ＰＨＰ研究所が発行するオピニオン誌『Ｖｏｉｃｅ』の記事をめぐって、関西財界の大物からクレームがきたことがあった。

関西国際空港、いわゆる関空がまだ建設計画の途上であった頃に、某大学教授に寄稿してもらった。その記事は、「関西新空港の建設計画が遅々として進まないのは、行政、推進団体などの対応が緩いからだ。このままやっていたら、いつまで経っても完成しない。新空港が必要と考えるなら、もっと真剣に対応すべき」という内容であった。

その記事の掲載号が発売されるとすぐに、住友金属工業の会長であった日向方斉さんから、「この記事はけしからん」というクレームが届いたのである。関西財界人の一人として自分たちも行政も必死に取り組んでいる。それを、なにもわかっていない外野からとやかく言われる筋合いはないというのがその内容だった。

日向さんの代理で電話をしてきた先方の秘書室長が、日向さんが激怒しているのと同じ調子で私に言った。

「なにを考えているのですか、江口さん。ウチの日向が激怒してますよ。松下さんがやっているＰＨＰの雑誌が、こういう記事を載せるとは、どういうことですか。これはしっかりと対応してもらわないとあかんですよ！」

「これは、筆者の先生もちゃんと調べて、事実を踏まえて書いたものですが――」

「なにを無責任なことを言っているんですか！」

後は自分が対処する

私はとにかく、「わかりました」ということで、急いで松下さんに報告した。日向さんと松下さんは関西財界の仲間であったから、すぐに松下さんのところにも話がいくと思い、その前に報告しておこうと考えたのである。

松下さんのところへ行き、かくかくしかじかでと報告すると、「キミ、その先生が書いたところを読んでくれ」と言うので、私は記事を読み上げた。松下さんは目をつぶってじっと聞いていた。

記事を読み終わった途端に、なにか言われると覚悟していたが、松下さんはパチっと目を開けて、「キミ、この先生の言う通りや」と言う。

「なにも間違ってへん。もっと財界も力を入れないといかんし、行政も力を入れんといかん。波風が立たないようにとやっていたら、ちっとも進まんのは当たり前のことや。この先生の言うことは、どこも間違ってへん。日向さんは、なにを怒っとるんやろ。載せたことも間違ってない。だから心配するな。日向さんには、わしから言っておくから、このことはもう忘れていい。それより、キミ、志を忘れたらあかんで」

「志」とは、正しい思い、正しい目標。すなわち理念・方針を意味する。理念・方針に従ってさえいれば、後は自由にやっていけばいい。それでなにか起こったとしても、その理念・方針を示した自分が責任を取る。それが松下幸之助さんのリーダーシップであった。

方針に従って失敗したとしても、「後は、わしに任せておけ」と責任を部下に押し付けない。なかなかそう言ってくれる上司はいない。私の経験としても、同じように言ってくれる上司は松下幸之助さんのほかにはいなかった。

部下を先に走らせる

松下幸之助さんは、基本的に、「狩猟隊長」型のリーダーではなかった。先頭を走って、俺について来いというタイプの指導者ではなかった。部下や社員に理念・方針を示し、これを頼りに活動してくれ、方針に沿っている以上は思い通りに自由にやってくれ、どんどん先に進んでくれという経営者だった。そういう意味では、社員を後ろから見守る「羊飼い型」のリーダーだったのである。

理念・方針を示し、自分は後から見守っていく。要するに、部下が、方針、理念に沿っていれば、各自思う存分に活動できるアローワンス（許容、容認）があった。

「なんの目的」で、「どのような考え」で、「南に行け」という方針を出したら、羊たちが右へ左へ自由に動いていても、方針を守っておおよそ南に進んでいるなら、ただ見守っていた。しかし、部下が、どんどんと真西に向かっていく、真東に向かっていく、あるいは真逆に北に進んでしまうということでは問題が出てきてしまう。そうしたときには「牧羊犬」を走らせ、進行方向からずれていった羊を群れの中に戻していく。そういうやり方をする経営者であった。

そうしたリーダーシップによって、段々に部下が方針に従って動くようになる。方針に従っていれば、後は自由闊達にさせてくれるということである。

今は知らないが、かつての松下電器には、ものすごく自由があった。そこで縦横無尽に活躍する侍のような人たちが出てきたのである。実際に、七人の侍とか十人の侍とか言われる猛者《もさ》たちがいた。

侍たちの群像

余談になるが、その猛者たちの一人に、松下グループの中核会社の社長を務める三由《みよし》さんという強者《つわもの》がいた。同じ松下グループ内にいながら、面識がなかったが、ある日、私が挨拶に出向く機会があった。私が午後二時くらいに社長室を訪ねて「PHPの江口です」と言うと、三由さんは、机の抽出《ひきだ》しを開けながら、「知っとるよ。あんたを知らんかったら、松下の人間じゃないわ。まあ、座れ。一杯やろう。君はウイスキーがいいか、日本酒がいいか、ワインがいいか？　ここに入っとるから、どれでも出すから、言ってくれ」と言う。これには、さすがに驚いた。

もう一人、松下電器の経営を大きく発展させた藤尾さんという重役もまた大酒飲みで有名だった。ある日、新幹線のなかで酔っ払ってしまい、車掌さんに因縁をつけるという事件を起こしてしまった。車掌さんに対して、「俺が誰だか知っているか？」と言う。知っているわけがない。すると「なにぃ？　知らないだと！」と言って、暴行事件まがいのことを起こしてしまったのである。

そうした猛者たちも、松下幸之助さんの方針に従って自由闊達に大活躍していたのである。

一方で東《あずま》さんという重役は、自分では「私は気が弱くて、仕事をやっているのが恐くて恐くて仕方ありません。しかし、松下さんの方針があればこそ今日の私があるんです」と健気には言うものの、実は、ものすごく豪胆な、個性のある人だった。

この、東さんは工場の社員に向かって、「俺を憎たらしいと思うときがあるだろう！俺をぶん殴れるか？」と言った。社員たちが黙って聞いていると、「ぶん殴れんだろう。しかし、皆がぶん殴りたい気持ちを持っていることは、俺はよくわかっている。だから部屋をつくった。そこに俺の等身大の藁《わら》人形を置いておく。竹刀も置いておくから、俺に対して腹が立ったときは、その人形を俺だと思って叩きに行け」と、本当にそういう部屋を設置した。それでどうなったかというと、しばらくして藁人形は見事（？）ボロボロになっていた。

ある日、私が東さんのもとを訪ねると、「江口君、見てくれたか？」と言う。「見て来ました。結構ボロボロでしたよ」と言うと、「それがいいんだよ！」と満面の笑顔で言っていた。そういう面白い人だった。この人も松下さんに信頼された名経営者であった。

松下幸之助さんは、そうした個性あふれる猛者たちを束ねる羊飼い型のリーダーであった。一筋縄ではいかない、そのような部下たちを束ねることができたのは、やはり理念・方針をはっきりと示し、それに沿っている限り、猛者でも許していたからである。

方針とは「基本理念」と「具体的目標」と「最終目標」

部下に仕事を指示する際には、その仕事に取り組むための方針を示す必要がある。では、「方針」とはいったいどのようなものなのか。

方針とは、「基本理念」、「具体的目標」、「最終目標」の三つで構成されるべきものと私は考えている。上司がこの三つを明確に示すことによって、部下はみずからの「努力の方向」を見つけ出し、仕事を正確に進めていく上での羅針盤としていくことができるのである。上司もまた、みずからが示した方針を杖として、みずからの経営を見つめていくことができる。

わかりやすく、マラソン競技にたとえて説明してみよう。

二〇二〇年は、東京オリンピック。マラソンに出場しようと決める。そのためには、どのような練習をし、どのような体の鍛え方をするかということが必要。これが、「なんのために」、「どのような心構え、取り組みで」という「基本理念」となる。そして、四二・一九五キロメートルを二時間何分で走り、メダルをとるという「最終目標」を立てる。その最終目標達成のために、五キロ、一〇キロ、二〇キロ、三〇キロを、どのようなラップタイムで走るかという「具体的な目標」を定め、練習をする。

逆に言えば、四二・一九五キロを「二時間何分で走る」、あるいは「メダルを獲得する」という「最終目標」を達成するためには、どのようなラップタイムで走るかという「具体的な目標」が必要であり、そこへ向かって、どのような考えで、どのような練習を積み重ねるかということになる。すなわち、まず、基本理念を決める。次に、最終目標を定める。そして具体的目標を追いかけていく。

「東京オリンピックを目指して一生懸命に練習しろ」と上司が言うだけでは、部下はなにをすればいいのかがわからない。加えて、最終的に、なにを目指していいのかもわからない。練習の仕方は自己流となり、練習したいときはするけれども、したくないときはしない。まあ、オリンピックマラソンの代表になればいいんだろうという程度の対応になる。

上司が「基本理念」、「具体的目標」、「最終目標」という三点セットを揃えた明確な「方針」を示さなければ、部下はその努力の方向を正確に把握することはできないのである。

照門と照星と獲物が一直線

狩猟で用いるライフル銃には、銃を撃つ人の目に近いところに照門があり、銃口の先端上部には凸型の照星があり、そしてその先に獲物がいる。照門を覗き込み、照星とその先の獲物が一直線のラインで結ばれたときに引き金を引くことで、放たれた銃弾が獲物に命中する。要はそれと同じことで、上司は「基本理念」という照門、「具体的目標」という照星、「最終目標」という獲物が一直線で結ばれるような方針を示す。それが「方針を明確に示す」ということの意味なのである。

上司は方針をしっかりと示して、実際にそれが守られないとき、あるいは、守られずに目的が達成できなかったときに部下を叱責する。厳しく叱る。そうすれば、叱られた部下もどうして自分が叱られたかを十分に納得することができるはずなのだ。

成果ではなく、熱意と努力を評価

上司が部下に仕事を指示する際に一〇〇の成果を挙げるという目標を設定したとする。そのときに、部下がそのために、どういった努力をしたのか、ということを確認することが必要なのだ。

目標を達成できなかったときには、どうして達成できなかったのかを見極める。方針に沿わずして達成できなかったのであれば叱らなければいけない。また上司の示した方針通りやらずに成果を挙げたとしても、評価することなく受け流す。そういう対応の仕方をしていくことによって、部下は会社の理念や上司の方針に従って仕事を進め、努力することの大切さを学び、チームのリーダーである上司の言うことを理解し、従って動こうとするようになるのである。

経営も仕事も同じことだ。方針をしっかり持って指導することで、上司の指示に沿わずにやっていれば、無視されるか叱責されると、部下は気づくのである。

一方で上司の方針に従っていれば、成功すればほめられるし、うまくいかなくても慰められる。要は、方針を出しておきさえすれば、そして、方針を基準にして己の言動を律していれば、極端に言えば、指導者は、なにもやらなくていいところまで持っていけるのだ。「熱意と努力」の確認が、叱る必要があるのか、ないのかの「判断材料」だということである。

成功のためのプロセス

昨今は会社の人事評価制度も、成果主義だとか能力主義、あるいは実力主義など、各社各様の制度を設けている。それぞれ各社の思惑があっての制度なのだろう。ただし、どんな評価制度を取り入れるにしても、部下が仕事に取り組む過程での「熱意と努力」をしっかりと評価していなくては、十分に機能しないだろうと私は考える。

仕事に取り組む際に、あるいは自分の人生を生きていく際に、なにが最も大切かを考えると、やはり大事なのは「熱意」だ。なんとしてでもやり遂げたいという気持ちがなければば、なにごとも成功に導くことはできない。

上司が「基本理念」、「具体的目標」、「最終目標」の三点セットで「方針」を明確に示し、部下が「熱意」を持ってその仕事に取り組んだのであれば、すでにその仕事は半ば成し遂げられたと同じである。

もし、部下が十分な成果が挙げられなかったとしたら、上司の方針の示し方に問題があるのだ。上司こそ反省しなければなるまい。

人がなにかの成功を収めるためには、何段階かのプロセスがある。

まずはじめに、「夢」、「願望」からスタートするだろう。たいていはそうだと思う。自分がこうしたいという願望から始まるのだ。そして、その「願望」を「目標」に変え、「計画」を立て、「決意」する。「決意」したら、「実行」に移す。「実行」したら、それを「継続」させる。そして、「継続」を中断しない。つまり、「願望→目標→計画→決意→実行→継続→継続→継続――」が、成功へ至るためのプロセスということになる。

熱意と努力

なに事かを成し遂げるためには、これらの、どの段階も欠かすことはできない。そしてすべてのプロセスにおいて、必ず必要なのが「熱意と努力」なのだ。なんとしてもこれを成し遂げたいという「熱意」があるからこそ、願望が目標、決意へと変わっていく。熱意があるからこそ、計画を実行に移し、継続していく「努力」ができるのである。

そういうことからも部下を評価する場合には、上司は部下の「熱意と努力」をよく見てやらないといけない。ということは、さほどの熱意を示さないまま成功した部下を評価してはいけないということである。それは単なる偶然であったか、部下が器用であったかというだけで、同じ成果が継続して挙げられるかどうかはわからないからだ。

結果はどうあれ「熱意と努力」を評価することで、その部下は成長し、十分な実力を身につけて、継続的に成果を生み出せるように育っていく。叱るということも、その「熱意と努力」の過程を見極めなければ、部下を育てることもできないし、なによりも叱る意味もない。

部下を差別しない

部下指導においては、「差別をしない」ということも重要だ。部下は自分が叱られたり、ほめられたりしたことだけではなく、上司が他の部下とどのように接しているかもよく見ている。見ていないようで見ている。そこには年齢や男女の差もなければ、肩書きのあるなしも関係ない。また学歴や出自などは、もっと関係ない。もちろん自分の好き嫌いも関係させてはいけない。そうした差別をしない部下対応の仕方が、場当たりでもない、思いつきでもない叱り方につながっていく。

とくに四十代以上の上司は、部下指導や評価に男女差を持ち込んでしまうことに気をつける必要がある。現在の若い世代の社員たちは、子どもの頃から男女差なく育ってきた。そのため、そもそも男女に差があるという意識そのものが希薄だ。しかし、年配の上司は、男の上司でも女の上司でも、どうしても女性の部下を、良くも悪くも特別視してしまうところがある。

もちろん、女性だからという扱い方の配慮はしなければならない部分もあるが、「女性はすぐに感情的になる」とか、「客観的な判断ができない」といった捉え方は偏見にすぎる。

部下の性格によって——たとえば、積極性のあるタイプなのか消極的なタイプなのかで指導の仕方を変えることも、ときには求められるが、それはあくまでも個人の違いであって、男女による差ではない。男性でも繊細なタイプの人もいる。女性でも精神的にタフな人もいる。男性だから、女性だからということではなく、あくまでもその人の性格や能力を見ながら部下の育成に取り組み、そのような考え方、見方に基づいて男女、肩書の差別区別なく、叱るときは叱ることが大事である。

たまに女性の部下にばかり甘い上司もいる。女性を大切に扱う優しい上司をアピールしているつもりかもしれないが、男女差なく仕事に取り組みたい女性社員からすれば、それは偏見の裏返しでしかない。

往々にしてそういう上司は男性の部下にも好き嫌いで接したりする傾向がある。そのような差別に則った一貫性のない指導、叱り方をする上司は、部下が男性であろうと、女性であろうと、信頼を得られるはずもない。

四章

導かず導く叱り方

部下に気づかせる

叱るという行為は難しいものだ。同じようなミスを繰り返し反省のない部下に、「ミスばかりするな」と言っても、ミスがなくなるわけではない。自分で考えることをしないで、いつも指示を仰いでいるばかりの部下に対して、「みずから考えて動け」と言えば、たちどころに自主性が発揮されるようになる、などということもない。

叱ることの目的とは、部下の行動を改善させる、部下の成長を促すことにある。そのためには、ときに、正面から単刀直入な叱り方をするのではなく、部下本人に自分で問題点に気づかせ、自分で解決策を考えさせる必要がある。もちろん、緊急を要する場合には直接的な表現で叱責し、改善策、対応策を上司の側から示さなければならないが、時間をかけて、本人に気づかせるという叱り方もある。

実際、部下に根本的な行動の改善を促したり、長い目で見て成長へと導いたりするには、部下自身がそのことに気づくよう導くことが重要になる。いわゆる「気づき、気づかせる叱り方」。そういう指導のほうが、孫子の言う「迂曲の計」ではないが、結局のところは近道であり、大きな効果が期待できるということも知っておきたい。

「気づきの教育」、「気づかせる叱り方」は、松下幸之助さんによる部下指導の一つである。特に部下に長期的な成長を促す場合、将来を見通して部下の自主性、自発性を引き出そうとするために、そのときに注意したり、叱ったりせず、部下本人に気づかせるということをしていた。

導かず導く

私の経験としても、はじめのうちは松下さんからの問いかけや、さまざまな投げかけが、なにを意図しているものかもわからず、ただただ戸惑うことが多かった。そして、ある時点になってハッと気づかされる、という経験が多々あった。

松下さんによる、そうした「気づきの教育」、「気づかせる叱り方」は、言い方を変えれば、「導かずに導く」とも表現できよう。何気ない問いかけや会話のなかで、私は自分でも気がつかないままに、松下さんに叱られ、育てられ、導かれていたのだと、振り返って今、そう思う。

毎日繰り返される同じ質問

松下幸之助さんによる「気づきの教育」、「気づかせる叱り方」とは、どういったものだったのか。私が松下さんによって、知らず知らずのうちに導かれていることに気づかされた経験談を、すでに多くの場で紹介しているが、簡単にここでも紹介してみよう。

松下幸之助さんの秘書になって三～四年目くらいの頃、ハーマン・カーンというアメリカの未来学者が、松下さんを訪ねてくることになった。その一週間か十日ほど前のこと、私は松下さんから、「今度、ハーマン・カーンという人が来るそうやな。どういう人か知っているか?」と尋ねられた。

「ハーマン・カーンという人は、『二十一世紀は日本の世紀だ』と言っているアメリカのハドソン研究所の所長で未来学者です」と、私はすぐさま答えた。すると松下さんは、「そうか」と、うなずいた。

松下さんからは日頃からいろいろな質問を受けていたが、スムーズに答えられることは滅多になかった。おたおたと中途半端な答えをして要領を得ず、「後で調べてご報告します」というのが常だった。だが、そのときだけは、しっかりと答えられた。

なぜ答えられたかと言えば、ハーマン・カーンさんについてはその当時、盛んに報道されていたからである。高度経済成長を経て、日本が自信を持っていいのかどうか、まだ戸惑いのなか、ハーマン・カーンさんが「二十一世紀は日本の世紀」と言ったものだから、テレビや新聞でも頻繁に取り上げられていて、私もそれを見聞きしていたために、松下さんからの質問に対して、すぐさま答えることができたのである。

ところが、その翌日、松下幸之助さんと雑談をしていると、「キミ、今度、ハーマン・カーンという人が来るんや。ハーマン・カーンという人がどういう人か知っているか？」と再び尋ねられた。

「ハーマン・カーンという人は――」と、私は前日とまったく同じように答えた。二回も同じ質問をされたことに、そのときは、「昨日、同じ質問したことを忘れてしまったのかな」と思うぐらいであった。

しかし、そのまた翌日も松下さんは、「ハーマン・カーンという人が来るんや。どういう人か知っているか？」と尋ねてくる。一週間おきに訊かれるなら、「前に説明したことを、忘れてしまったのかな」と納得することもできる。だが、同じ質問を毎日立て続けに訊かれるとはどういうことなのか。私の言うことを真剣に聞いてくれていないのかと、さすがに私も腹が立った。

それでも「ハーマン・カーンという人は――」と、過去二回と同じように答えた。それ以外のことは頭のなかになかったから、そう答えるしかなかった。それにしても、いくら松下幸之助さんでも同じことを三回も訊くとは、どういうことなのか。それから午後の半日、私は憮然としたまま過ごしていた。

B5用紙のメモ三枚

その日の夕方、松下幸之助さんが帰る車を見送りながら、「うん?」と思った。「待てよ。同じ質問を繰り返すということは、もっと別な情報を持って来いということではないのか」

そのように思った私は、すぐに本屋に足を運び、ハーマン・カーンさんの『紀元2000年——33年後の世界』という本を自費で買い求めた。随分と分厚く、活字も小さな本だが、会社に帰って、飛ばし読みして、B5の用紙三枚のメモに内容をまとめた。

今ならパソコンを使うが、当時は手書きで書かなければならなかった。気がつくと、夜中の一時半だ。家に帰ろうかと思ったが、今から帰っても翌朝六時には起きて、七時半には出社しなければならない。それならば会社で寝ようかと、応接間の長椅子に横になった。しかし、今まで六百ページほどもある分厚い本と格闘していたので、頭がなかなか眠らない。眠るにも寝付けない。そこで眠くなるまで、報告の練習も兼ねて、文書にまとめた本の内容をカセットテープに録音することにした。「二十一世紀は日本の世紀」とは言うものの、それにはいろいろと条件がある、などと書いてあるのを自分で読みながら吹き込んだ。しかし、カセットテープに録音するために書きまとめたものではないので、途中、何度も録音しなおすハメになった。

そのようなことをしている間に、すでに時間は明け方の四時半。さすがに眠くなって、再び長椅子に横になり、目を覚ましたのが六時半である。私は顔を洗って、松下さんが来るのを待った。

四日連続の同じ質問

そこまでの準備をすると、面白いもので、昨日までの気分とは違って、「どうかもう一度、同じ質問をしてほしい」と思う。「何回、同じことを訊くのか」という気持ちから、「どうぞ訊いて下さい」という気持ちにすっかり変わっていた。

松下さんが出社してくると、朝一番の報告をしながらも、「これからは来客が立て込みますね」とか、「外国のお客さんも来ますね」とか、そのような小ざかしい誘導までしてしまった。しかし、松下さんは、「そやな、そやな」と言うだけで、例の質問はしてこない。さすがに四度目はないかと早々に諦めることにした。

昼過ぎになり、昼食の準備が始まった。そのときである。松下さんが「キミ、今度な――」と切り出してきた。「よくぞ聞いてくれた！」と、心踊る心地。

私は内ポケットからB５の紙を取り出して、まとめた内容を報告した。十分程度の報告のつもりが二十分ほどもかけて、ハーマン・カーンさんの本の内容を松下さんに伝えたのである。

途中で食事が運ばれてきたが、松下幸之助さんは手をつけないまま、身を乗り出して聞いてくれた。「偉い先生やな。二十一世紀は日本の世紀とは言っても、いろいろと条件があるんやな」。そうして、「ようわかったわ。ようわかったわ」と二回言ってくれたのを、今でもはっきりと覚えている。

私は、報告ができたことで満足してしまい、その内容をカセットテープに吹き込んだことも忘れていた。夕方、松下さんが帰る間際になって、「あ、そうだ」と気がつき、帰りの車に乗り込んだ松下さんにカセットテープを手渡した。

気づけば、ほめる

翌朝、松下幸之助さんの出社を出迎えると、松下さんが車から黙って降りてきた。私が「おはようございます」と言っても、無言のままだ。どうも機嫌が悪そうだなと思いつつ、いつものように先導をしようと私が一歩踏み出そうとすると、それを遮るように松下さんが私の目の前に立った。そして、なにも言わずに黙って私の顔を見つめている。

松下幸之助さんからそのように見つめられたことがなかったので、緊張して動くにも動けずにいると、松下さんが、ひと言、こう言った。

「キミ、なかなかいい声しとるなあ」

その瞬間、私の気持ちは、緊張から一気に感激へと変わった。

「いい声しとるな」という言葉一つに込められた思いが伝わってきたからである。

「テープはしっかりと聞いた。よく調べてくれた。内容もよかった」ということをすべて含まれていることがわかった。思わず若い私は心のなかで、「この人のためなら死んでもいい」とさえ思ったものだ。

やはり松下さんが何度も同じことを質問してきたのは、私が気づくまで根気よく待ってくれていたのだ。普通であれば、二回目の質問のときに一回目と同じ答えが返ってきたら、「それは昨日も聞いた。他にないのか。ちょっと調べてくれたらどうだ」と言うだろう。ところが松下さんは敢えてそうは言わなかった。「そんな答えでは物足りない」と言ってもいいところを、部下がみずから気づくのを気長に待ってくれていたのだ。

上司が、ああしてくれ、こうしてくれと言うだけでは、部下の自主性、自発性が育たない。部下にみずから気づかせることによって、部下はみずから考えて動き、状況に応じて機転をきかせることを覚えていく。意図して明確に言わず、部下に、みずから気づかせる諭し方も、部下を育てる「叱り方」の一つだと私は教えられた。

部下に考えさせた安藤直次

江戸時代、徳川家康が自分の息子、紀州藩主頼宣《よりのぶ》の後見役として選んだ安藤直次《なおつぐ》は、頼宣をきびしく訓育し、名君たらしめたことで知られるが、直次のところへ、のちに大老になる土井利勝が政務見習いにやってきたときのことである。利勝が見ていると、いろいろな人が直次のもとに決済を仰ぎにくる。それに対し、直次は、「よろしい」、「いけない」しか言わない。利勝は、「もっと具体的な指示を出したほうがはかどるのではないでしょうか」と尋ねると、直次は、「確かにその通りだが、いちいち指図をしていては、みな私の意見を聞けばいいと思い、自分で十分考えなくなります。それでは真の人材は育ちません」と答えたという。その通りだろう。それは、自分で考えさせるための、部下自身に気づかせるための、一つの方法であることは間違いない。直次の「いけない」というひと言は、部下を叱っている言葉であろう。

この場合、直次は、それぞれの決済についての、自分なりの考え、答えを持ちつつ、

「よろしい」とか「いけない」とかと言っていることを覚えておきたい。でなければ、その「よろしい」も「いけない」も的確に応えることができないからだ。そして、そのことがわかるから、部下は、直次の、それだけの対応で、自分で考えようという自主性が生まれてくるのである。松下さんも、私に考えさせるというだけでなく、どのような方向で考えさせようか、どのような結果を持ってこさせたいかという思い、答えを明確に持ちながら、私に、「繰り返し、問うていた」と実感している。

言うまでもなく、部下が育つとは、上から指示されなくては動けない人間が、自分で考え、的確な判断をし、自分で動けるようになるということである。だから、上司は部下に、指示するだけでは務まらない。ときに応じて、場合に応じて、部下に考えさせることで、自主性を引き出さねばならないということは覚えておいたほうがいい。

日に新た、日に日に新た

松下幸之助さんは、「日に新た」という言葉をよく使った。中国古代の殷王朝の建国者とされる湯王《とうおう》が、自分が毎日使う洗面器の底に「苟《まこと》に日に新たに、日々に新たに、又た日に新たなり」という言葉を彫って、自戒の句としたという。これに由来する松下さんの「日に新た」という言葉は、わかりやすく言えば、昨日と同じ考え方、同じやり方をするなということである。

「日に新た」の心がけを実践していけば、次々に自分も新しくなっていく、つまり成長していくことができるという教えだ。

松下幸之助さんが事業をはじめて数年がたった頃、こんなでき事があったという。

松下さんが考案し、特許をとった製品を造っている工場を松下さんがふらっと訪ねた。突然の大将の訪問に、工場長が慌てた。慌てながらも、大将に敬意を表するつもりか、「今も大将が考えた製品をきっちり造っています」と報告した。

昨日と同じ物を造っていてはいけない

松下さんはそれを聞いたとたん激怒した。

「これまであんたは、なにをやっとったんか。いつまで、わしが考えたものと同じものを造っとるんや。あんたの工夫はどこにあるんや。この製品のなかのどこに、あんたがあるんや！」

自分が考えたものをもっと改良したと報告するのならいいが、まったく同じものを造り続けているというのは、なに事かという叱責だったのだ。このエピソードは松下幸之助さんの「日に新た」という基本的な考え方をよく示しているように思う。

松下さんには私も、「わしの言う通りにやるんやったら、キミは要らん」と言われたことがある。上司に「なぜ、私の言う通りにやらないのか」と怒られるのはわかるが、「私の言う通りにやるのなら、君は必要ない」と言われると、瞬間、なにを言っているのか、理解できなかった。が、つまるところ、自分の出した指示以上のことをやれと言うことだろうと自得した。

私は、それ以降、「言われた以上のことをやる」ということを自分に課した。本を読んで「感想を言え」と言われれば、口頭で感想を言うだけではなくて、その感想をテープに入れて松下さんに渡すことにした。「この数字を表にしてくれ」と言われれば、同時にグラフを作った。「ＰＨＰの啓蒙活動を拡大せよ」と言われれば、啓蒙活動を拡大するだけでなく、ＰＨＰ研究所の経営活動も充実拡大した。松下さんの言う通りではなく、指示以上の結果を出すようにした。

「日に新た」という松下さんの言葉は、単なる古典の言葉ではなく、ある意味、松下さん独特の「叱り方」であったとも言えるのではないかと思う。

部下の指導には根気が必要

「意図して明確に言わない叱り方」ということでは、『人間を考える』の原稿の修正作業を松下幸之助さんと私の二人だけで進めていたときにも、こんなでき事があった。

京都の私邸の座敷に二人で座り、私が原稿のコピーを読むと、それに対して松下さんが、「そこはこう書き直してくれ」と修正の指示を出す。朝から夕方までそういった作業が続いた。それが終わっても私の仕事はまだ残っている。修正の指示を受けた私は、会社に帰ってから、夜中まで原稿を直さなければならなかった。

大概は十時、十一時、ときには十二時過ぎまでかかった。それを翌朝の九時に松下さんに報告するには、八時には入って松下さんの到着を待つ必要があった。

十日ほど、そのようにして過ごした頃、松下さんが突然、「キミ、大変やろ」と話しながら、「キミな、今、ふと思ったんやけどな、『ＰＨＰのことば』の改訂版を出そうと思うんや」と言いだしたのだ。

『ＰＨＰのことば』という本は、昭和二十五年に出版した松下幸之助さんの考え方や理念をまとめたものである。のちに、『松下幸之助の哲学』というタイトルで新装改訂版として出版されている。

松下さんは、「キミ、すまんけどな、どこをどう直したらいいか考えてみてくれ」と私に言う。昭和二十年代の本だから、闇米や闇市など、当時を経験していない人にはわからない言葉、内容も出てくる。そういう時代の本だから、文語調の表現もあり、そうした部分も直さなければならない。

「いつまでにやったらいいでしょうか？」と私が尋ねると、「なるべく早くやってくれ」と言う。「一週間くらいはいただけるでしょうか？」と聞くと、「かまへん、かまへん」と松下さんは優しく言ってくれた。

しかし、私は心のなかで、「このただでさえ忙しいときにどうして？」と思っていた。松下さんも「キミ、大変やろ」と言いいながらも、なぜここで、さらなる仕事の指示を出すのだろう。疑問に思いつつも私は、『人間を考える』の原稿修正と同時に、もう一冊の改訂作業をしなければならなくなった。そこからしばらくは徹夜同然の作業が続いた。

ようやく『ＰＨＰのことば』の修正箇所の提案をまとめあげ、『人間を考える』の原稿をひとまず横に置き、この修正箇所についての報告をすることになった。午前中の三時間をかけて、「ここはこう変えたほうがいいと思います」、「ここは今の人にはわからない言葉だから変えたほうがいいでしょう」などと、修正箇所の提案を一つひとつ松下さんに伝えていった。松下さんも鉛筆を持ちながら、「そやな、そやな」と応じていた。その報告が昼過ぎに終わると、松下さんは「ようやってくれたな。これでええわ」と私を労ってくれた。

私はほっとして、「印刷会社に連絡を取って話を進めていいですか？」と尋ねると、意外にも松下さんは「う～ん、ちょっと待てや。これはしばらく置いておこう」と言うのだ。「なるべく早く」と言われたから、私は必死になって頑張って、徹夜同然の作業を一週間でやったのに、「しばらく置いておこう」とはと、私は内心不満を覚えざるを得なかった。

思いやりに気づく

ところがそれから二～三日経って、あることに気がついた。その後も続いた『人間を考える』の原稿検討作業での私の対応の仕方が、変わってきていたのだ。それまでは、松下さんの「ここはこう書き換えてくれ」、「ここはこういう内容にしたほうがいい」という修正指示に対して、「はい」、「わかりました」という返事だけ。しかし改訂版作業を終えてからは、「ここはこういう内容も入れたほうがいいのではないでしょうか」などと私からも提案するようになっていたのである。

当時の私は『PHPのことば』も一度読んだ程度で、内容など頭に残っていなかった。PHP研究所に異動して五年も経っておらず、まだ松下さんの考え方など理解できていなかった。松下さんの考えなど、頭のなかになかったのだから、『人間を考える』の原稿検討作業のなかで、みずからの提案などできるはずもなかった。

松下さんとしては、「わかりました」、「そうですね」と言うばかりの私の反応を見て、「わしの考え方を理解しておらんな」ということを見抜いたのだろう。

しかし、そこで松下さんは、「けしからん」と叱りもしなかったし、「もういいから、他の人と代われ」とも言わなかった。そして、『PHPのことば』の改訂版を出すという話にしておいて、私にその内容を精読させ、自分の考えを勉強させた。いわば、「叱らずして叱り、導かずして導いた」のである。

その後、経営者となった私はそのことを理解したつもりではいたが、十分にはできなかったように思う。「○○君、それはダメでしょう」、「このように、すぐにやり直してくれ」といった言葉が、たびたび口から飛び出てしまった。今、思い返しても、わかっていたが、松下幸之助さんの域にはとうてい辿りつくことはできなかった。

人材育成というのは、夏の芝生の雑草取りと同じで、根気がいる作業だ。そういうことができるのが、松下幸之助さんのすごいところだったと私は思う。急がなければならない状況のときには、瞬時にして明確な指示を出すが、長い時間をかけられるときには、「叱らずして叱る」、「導かずして導く」育て方。根気強く夏の芝生の雑草取り式の教育をしていた。それが「松下幸之助の部下指導」だった。

雑談で、部下を育てる

思い返せば、私は松下幸之助さんとの雑談のなかで育てられてきたように思う。私が現在のように、話ができる人間になったのは、松下幸之助さんとの雑談の賜物だ。松下さんが、「キミは、このことについてどう思うか?」と尋ねるのに対して、その都度、自分の意見を返す。その繰り返しによって鍛えられ、どちらかというと、よく話をするようになった。
実の親が「無口な子どもの頃とは、まるで別人になった」と呆れていたほどである。確かに、自分の意見をはっきりと言う、自分の考えをしっかり持つ習慣を、松下さんとの日々の雑談のなかで、自然と身につけるようになった。

つまり、雑談の場が部下に対する効果的な教育の場になるということだ。雑談のときには、部下もリラックスしていて、頭のなかがなんでも吸収する「海綿状態」になっている。「なるほど、そうか」とか、「自分はこう思います」と気軽に言うことができる。言われる言葉、注意されることが頭の奥の奥、芯まで浸透する。
その反対に、部下を呼びつけて厳しく叱ると、部下は緊張し、頭のなかが「岩石状態」になってしまう。そうした状態では、上司の言うことを聞いてはいるけれども、頭のなかには入っていかない、染み込んでいかないということになる。

しかし、雑談なら耳で聞いたことがすっと頭に入っていく。頭の芯まで入っていく。どんどん吸収して、ほとんど忘れない。感覚として言えば、「岩石状態」の頭ではほとんど入らないが、雑談時の「海綿状態」の頭であれば、少なくとも七割くらいは入るということである。

何気なく叱る

雑談というのは不思議なもので、雑談をしているときに言われたことは、長い月日を経ても、いつどんな場所でその言葉を聞いたのか、そのときの光景とともに思い出すことができる。「あのときは、お茶室の障子が開いていて、表の庭にヒヨドリがいた」、「あのときは、松下さんは、ベッドに座っていた」、「あのときは、車のなかで話していた」などといったことを鮮明に思い出す。それは、緊張して身構えることなく、「海綿状態」で聞くことができていたからだろう。

松下幸之助さんは、私の心をリラックスさせた状態にして、叱責めいたことなども、敢えて雑談を通して、話をしてくれていた。部下の私としてはただの雑談だと思って聞いているため、松下さんが「導かずに導く」、「叱らずして叱る」ことをしていることなどわかるはずはない。が、しばらくすると、なるほど、そうか。気をつけようと内心、素直に受けとめる自分がいた。

それが松下さんのやり方だった。松下さんとの何気ない会話のなかで、「それはそうですね」とか、「私もそう思います」といったことを答えながら、知らず知らずのうちに、注意され、叱られながら、私は松下さんによって育てられていたのだ。

能力よりも熱意

松下幸之助さんが部下のなにを評価したかというと、成果でも能力でもなく、その人の「熱意」を評価していた。松下さんに言わせると、人間の「能力」には、ほとんど差がないという。どんな人だろうと、もともと持っている能力は普通の人なら五十五点、優秀な人でも六十五点くらいのもので、その差はせいぜい十点程度だ。しかし、五十五点の人でも熱意さえあれば、七十点、八十点の仕事ができるようになる。反対に六十五点の人でも熱意がなければ、五十点、四十点の仕事しかできないようになる。
そのように考えれば人間の能力には、もともとさほどの差はないと言えるだろう。差があるとすれば「熱意の差」と、後は「向き不向き」の差があるだけだ。

私がどれほど練習してもスポーツ選手にはなれないし、一流の歌手のようには歌えない。しかし、一流のスポーツ選手や一流の歌手が会社の経営もうまくできるかと言えば、必ずしもそうとは限らず、おそらくは私のほうが、よりうまく経営をすることができるだろう。

余談になるが、自分自身で政治家になってわかったことは、政党に一番欠けているのはガバナンス。そのもとを辿れば、「マネジメント発想の欠如」だ。そこが欠けているから、政治家同士、政策、理念以外で、みんなが感情的になったり、いわばテーブルの下で足の蹴り合いをしたりする。結果、一つにまとまらない。個性ある国会議員たちをまとめるというマネージャーがいない。プレーヤーばかりでは、組織として、政党として、進歩も向上もしない。

それぞれに「俺が一番だ」という思いがあり、その結果、個々にも政党同士も、感情的に対立、批判し合う。だから、調整が必要になるわけだが、それができない。そして、「より大きなメリットを求めていく」のではなく、「より少ないリスクを優先する」という選択をしていくから、政党としての成果を残すことができず、組織内部で集合離散を繰り返すことになる。国家国民に益することが少ないのはそのためだ。政党に必要なのはマネジメントだが、そのマネジメントに向いた人がまったくいないのには驚くばかりである。

吉田松陰の「育てる熱意」

「熱意の差」と言えば、すぐに思い出されるのが、人を育てる天才、吉田松陰のことだ。吉田松陰は二十三歳のとき、海外へ密航をくわだてて失敗し、捕えられて牢に入れられる。松陰は、このとき牢内にいた十一人の囚人とすぐに親しくなり、牢を教育の場にしてしまう。四書五経の講義を行うとともに、俳諧にくわしい者には俳諧を教えさせ、書道にくわしい者には書道を教えさせ、自分もそれを学んだ。それにより、牢は活気のあふれる場へと変わっていった。松陰は、牢に入れられてなお志を失わず、教え教わり、お互いを高め合うことにより、獄中で失われていた人間としての価値、人間の尊厳といったものに皆を目覚めさせたのである。

牢を出た松陰が開いた松下村塾からは、高杉晋作、伊藤博文、山形有朋といった、明治維新の立役者たちが育っていくことになるが、松陰がなぜ、人を育てる天才であったかと考えれば、なによりも、国を思い、民を思う志の高さと、その思いを人に伝えようとする「熱意」があったからだと思う。

藩での身分は低く、実務能力があるわけでもない。政治的な力があったわけでもない。松陰の力は、政治的な場では発揮されなかったが、教育の場では、信じられないほどに発揮された。それは、人の心を揺り動かす「熱意」をありあまるほど持ち、国を揺り動かすほどの力を秘めていたのである。

上司に、松陰のような「滾《たぎ》るような熱意」があれば、部下は育ち、そのような熱意をもって、部下を指導すれば、部下は、その上司に従い、叱られても、その上司についていくだろう。

「向き不向き」を気づかせる

「できる部下、できない部下」という表現があるが、結局のところ、部下のできる、できないというのは、向いているか、向いていないかの話だと私は思う。向いていない仕事をしているときは「できない部下」ということになり、向いている仕事をしていれば「できる部下」ということになる。しかし、本当の意味で「できない部下」というのは、私の経験ではいなかった。

たとえば、私がＰＨＰ研究所の経営をしていた頃に、「この人は営業に向いているな」と思う人がいたが、本人は「編集をやりたい」という希望を持っていた。しかし、どう見ても編集に向いているとは思えない。そのときに私はどうしたかというと、本人の希望通りに編集部門に配属した。

編集の仕事がしたいという人に対して、「君は編集よりも営業向きだ」と言ったとしても、本人はなかなか納得できない。遠回りにはなるが、実際に編集の仕事をさせてみて、自分で自分の資質に気づかせることが必要だと考えたのだ。

実際に彼は、編集部門へ行って相当な苦労をし、自分で「編集には向いていない」と気づいた。そうなれば、みずから異動を申し出てくる。「そうか、じゃあ、営業を一度やってみるか」ということになった。

適材適所

同じようなケースは他にもある。本人は研究職を望んでいたが、私としては彼が研究職として能力を発揮するとは思えず、総務などの仕事が向いていると思った。しかし、ここでも本人の希望通りに研究本部に配属した。

しばらくすると彼はノイローゼになってしまい、出社してこなくなった。普通の会社なら解雇ということになるだろう。だが、私は不正行為のない限り、ただの一度も社員のクビを切ったことはない。一度、環境を変えるために別の部署に異動してもらうことにした。私の考えとしては、その次に総務に行かせようと思っていたのだが、彼はその部署で水を得た魚のように活躍し、後に部長にまでなった。

このように能力というものは、誰にもそれほど差があるわけではなく、ただ「向き不向き」があるだけ。適材を適所につければ、必ず力を発揮するものだ。ところが自分の向き不向きというものは、意外に自分ではわからない。だからといって「あなたは向いてない」と言うのもよくない。まずは本人の希望するところに行かせればいい。そうすれば、やがて本人が向いていないことに自分で気がつく。

このように配属や仕事の割り振りで自分の資質に気づかせてあげるのも、経営者や上司としての務め。そういう配属や仕事の割り振りをしたうえで、厳しく注意する、叱責するということであれば、本人も素直に受け入れるということである。

「駒人間」と「指し手人間」

松下幸之助さんは、社員の自主性、自発性を育むことで松下電器を大きく成長させたが、この自主性、自発性、すなわち「みずから考えて動く」ということについても、向き不向きがあるように思う。
会社の人材には「駒人間」と「指し手人間」の二つのタイプがいる。駒人間の「駒」とは、将棋の駒のこと。「駒人間」は、みずから考えて動くということをしないで、いつまでもじっと上からの指示を待つタイプである。一方、「指し手人間」はみずからの考えに基づいて駒を動かすタイプである。

二つのうちどちらがいいとは言えない。駒人間すなわち「指示待ち社員」がダメ社員かというと一概にそうとも言えない。組織が効率的に機能するには駒も必要なのだ。だから駒人間には指示を出してあげればいい。指示待ちの人に、大将になろうという人はあまりいない。そういう人を無理矢理、指し手人間に育てていく必要はないと私は思う。部下がどのような資質を持っているかを見極めるのも、上司の役目なのである。

ただ、指示待ち社員のなかにも、純然とした指示待ち人間ではない人もいる。今は若くて経験もない駒人間として働いているけれども、その人の資質をしっかり見極めていくと、指し手人間としての能力もあるという場合がある。そういうときは、「みずから考えて動け」と直接的に言うのではなく、「気づかせる教育」、「気づかせる叱り方」が効果を発揮する。

ハーマン・カーンさんのエピソードの当時、私は「指し手人間」ではなく、「駒人間」だったのだろう。しかし、松下幸之助さんが、私のなかに「指し手人間」としての資質を見出していたかどうかはわからないが、少なくとも熱意だけはあったと自負している。多分、松下さんは私の「熱意」を認めて、私のなかの自主性、自発性を根気強く引き出し、「指し手人間」に変えてくれたのだろうと思う。

もし部下が純然とした「駒人間」でなく、「指し手人間」になる素養を持っていると思うのであれば、叱責しながら、ときに激怒しながら、あるいは雑談を通して「導かず、導き」ながら、そのように育てていけばいい。

とにかく、すべての答えをあらかじめ示すのではなく、部下にみずから気づかせる、部下自身に解決策を考えさせる。「あえて言わない」、「叱らず叱る」というやり方で、部下に、みずから考えさせ、指示された以上のことをする人材に転換させることができることもあるということは知っておいていいことだと思う。

五章

策を弄しない叱り方

魔法のテクニックはない

二章「人格を否定しない叱り方」では、「冷静に考えて叱り、感情いっぱいにほめる」ということが部下指導の王道であることを述べた。感情的になって叱ると、仕事上の失敗について叱っているつもりが、どうしても部下への人格攻撃につながる場合が多い。

ところで、ここで注意しておかなければいけないのは、冷静に叱る、論理的に叱るということが、上司の意図に反して、部下を小馬鹿にしたような叱り方と受け止められてしまうことである。世の中には、部下指導の仕方について書かれた本がたくさんある、そこに書かれたことを単なるテクニックとして取り入れるだけでは意味がない。部下もまたビジネス雑誌の記事などで、心理学的なアプローチによる部下指導術が、どんなものであるかを知っているからだ。だとすれば、表面的なテクニックをなぞるだけでは、「小手先のテクニックで簡単に俺をコントロールできるとでも思っているのか」と、部下の側も馬鹿にされているような気になってしまうものだ。

上司の叱り方があまりに冷静だと、部下が「自分は上司から見下されている」、「冷たく扱われている」という印象を抱きがちである。

感情を抑えた冷静な叱り方が、かえって、「小馬鹿にしながら話しやがって」、「そういうあなたはどれだけの能力があるのか」という反発心、反抗心を生み出してしまう。

大事なのは、やはり部下の成長を心から願いながら叱ること、本気でこの部下を育ててあげたいと思いながら叱ることだ。逆に感情を露わに激怒していても、「この部下はダイヤモンドの原石を持っているのだ」、「この部下をなんとか磨いて育てていかなければ」という強い思いが根底にあれば、上司がそのことを口にしなくても、部下は「俺を認めて、叱ってくれているんだな」と察し感じて、真剣に上司の言うことに耳を傾けるようになる。

念じて努力する

坂村真民という人の有名な言葉に、「念ずれば花ひらく」がある。しかし、本当に念ずるだけで花が開くのだろうか。そのようなことはない。種を植えたら水を撒いたり、ひょろひょろとした百合であったら添え木をつけ、風に倒されないようにビニールを被せたりというように、世話をしなければ、立派な、きれいな花は咲かない。だから「念ずれば花ひらく」というよりも、念じながらも「努力すること」で花は開くのだ。

それと同じことで、「こう言えば部下がこう変わる」、「こうほめれば部下は育つ」などというような魔法の言葉、魔法のテクニックは存在しない。日頃から部下に期待する気持ちを、ことあるごとに伝え、努力する。必要と思えば、本気になって叱る。小手先のテクニックに頼ることなく、「人を育てる」、「人は誰でも偉大」という「無意識の意識」をみずからが持って、全身全霊で一生懸命に叱る。これを部下への愛情と言ってしまうときれいごとに聞こえるかもしれないが、そうした思いを込めた世話、その努力、すなわち「寛厳を積み重ねていくこと」で、ようやく部下は花開く、すなわち、上司の努力なくして、部下の成長なしと言うことである。

策をもって叱らない

前述の通り、松下幸之助さんは、ときとして尋常でない叱り方をすることがある。私もそうだったが、叱られた人は、頭のなかが真っ白になるほどに茫然自失の状態になる。普通、それほどの叱られ方をされると、他人にあまり話したくないのが人情だが、松下さんから叱られた人たちは、そのことを誇らしげに語ることが多かった。そのため、世間では、「松下幸之助さんは叱り方がうまい」とよく言われていた。

ある日、松下さんと雑談をしているときに、「叱り方がうまいと言われますが、配慮をしながら叱っているんですか？　叱り方のコツってなんでしょうか？」と尋ねてみたことがある。松下さんは、「そんな失礼な叱り方はせえへんで」と不思議そうな表情をして答えた。

「叱るときには、本気で叱らんと部下に失礼やろ。あれやこれや姑息なことを考えて、策を弄するようなことはせえへんよ。一生懸命に叱っとるだけや。けどね、そういうときも、部下に対して感謝の気持ちはあるな。まあ、感謝しながら本気で叱っとる。そういうことやね」

それが松下幸之助の叱り方だった。

とにかく叱らないといけないから叱る。こういう叱り方をしようと考えて叱ることはない。部下のためにも、組織全体のためにもなると思うから、全身全霊で一生懸命に叱るのだ。

感情的になって叱るのと、全身全霊で叱ることとの違いである。「叱って、この部下をやり込めてやろう」というのではなく、「どうにかして、この部下を育ててやろう」と、私心なく叱っているということ、それが松下さんの叱り方だと私なりに理解している。

去ってなお、松下電器ファン

最近では社員をリストラする場合、極端に言えば、紙一枚、電話一本で済ませてしまう会社があるようだ。雇用関係にドライなアメリカの企業なら、それで済むのかもしれないが、日本人のメンタリティでは、そうしたやり方は、恨みを残すだけになってしまうだろう。

松下幸之助さんの松下電器は、原則的に、会社の都合で一般社員をクビにすることはなかったが、当然、役員を退任退職させるということはあった。
しかし、そういう場合でも、退任退職した人が、恨みに思うことはほとんどなかった。かえって松下電器の熱烈なファンになって辞めていった人のほうが多かった。それは、その相手のことを松下さんが本気で思いやったうえでの措置だったからだ。

私も一度、松下電器の専務を務めた人が退任退職させられる場面に立ち会ったことがある。松下幸之助さんはその人に、「年末の株主総会のときに、君、退任してもらおうと思うんやけど、どうかな？」と相談調で言う。専務はしばらく黙っていたが、「わかりました」と答えた。だが、松下さんは「じゃあ、そういうことで」と、席を立つようなことはしなかった。そこから相手のこれからについて、言葉をかけた。「あんた、家族は何人や？　子どもさんは、どんな仕事をしているんや？　あんたが辞めても大丈夫か？」と、松下さんは真剣に尋ねかける。

経営者は、ときに厳しい処分を下さなければならない場面もある。しかし、そのとき、相手のことを本気で心配している松下幸之助さんの気持ちがしっかりと伝わるから、恨まれることはない。むしろ感謝さえされた。だから松下電器を去った後も、松下電器のファンでいてくれた。そういう人は会社を去った後も、ナショナル製品を買い続けていた。

反対に、松下さんが、紙一枚、電話一本で事務的に辞めさせていたら、どうだったろうか。辞めた後、ファンでいてくれただろうか。おそらくは松下さんに反感を持ち、あっさりと量販店で意地でも他社の製品を安く買っていただろう。

叱るときも同じなのだ。叱るときには誠心誠意、本気の叱り方、すなわち、無意識に「相手のことを考える叱り方」をしなければ失礼だという松下幸之助さんの気持ちが伝わるため、叱られた人も恨みに思うことはなかった。松下さんの「本気で叱る」ということは、ただ叱るだけでなく、その叱ることに日頃から裏打ちされた人間観があったことがおわかりになるだろう。

気絶した社員

松下幸之助さんがどれだけ激しい叱り方をしたかを伝えるエピソードがある。かつて松下電器で長く松下幸之助さんに仕え、のちに三洋電機の創立に参加し、副社長まで務めた後藤清一さんが、自著『叱り叱られの記』にその際のことを記している。

ある冬の日のこと、後藤さんはガンガンに焚かれたストーブの前で松下さんから長時間にわたり激しく叱責され、熱さと精神的なショックによって、叱られているその場で卒倒してしまったという。

当時のストーブだから、石炭や薪を使っている。松下さんは鉄製の火掻き棒を手に、ストーブをガンガンと叩きながらの激烈な叱責を続けた。商品の値段を、出先で、後藤さんが独断で値引きしたからだ。あまりに何回も何回もストーブを力いっぱいに叩くものだから、硬い火掻き棒が折れ曲がってしまった。後藤さんは松下さんがストーブをガンガンと叩くたびに、自分が叩かれているような気持ちになったという。そして、松下さんが最後に「わかったか！」と怒鳴りながら、ガーンとストーブを叩いた瞬間に気絶してしまったのである。

後藤さんが華奢だったわけではない。それどころか豪放磊落な方で、空手で身体を鍛え上げた偉丈夫だった。そのような後藤さんが、片や小柄でひ弱そうにしか見えない松下さんの叱責で、気を失うまでのショックを受けた。しばらくして後藤さんが意識を取り戻すと、松下さんは、「もういい。これを真っすぐにしてから帰れ」と、折れ曲がった火掻き棒を手渡したという。

それから、松下さんは秘書に、後藤さんを自宅まで送り届けるように指示した。興味深いことは、はなはだしく叱責した直後だが、ここでもショックを受けた部下へのフォローを松下さんが欠かさなかったことだ。後藤さんを自宅まで秘書に送らせ、加えて後藤さんの奥さんにこう伝えさせている。「強く叱りすぎたので、今晩は目を離さないでください」と。多分、松下さんは、後藤さんの様子から、自殺のおそれありと思ったのではないだろうか。

現在であれば、とんでもないパワーハラスメントとして大問題となってしまいそうなエピソードだが、それを後藤さん自身が、得々として周囲に語り、前述の通り、本まで出しているのだ。

ところで、翌日の早朝に、松下さんは後藤さんに直接、電話をかけている。

「どうや、別に用事はないけど、気持ちようやっとるか？」

そう言われた後藤さんは、一瞬で元気になったという。

本気で叱ったときの松下さんのフォローは、見事というほかない。

三時間の叱責

私もＰＨＰ研究所の経営を任されてから二年間ほどの間、年に二、三回は峻烈な叱責を受けた。夕方の五時を過ぎてから松下さんに電話で呼び出され、三時間も叱責を受けたことがある。連絡を受けて、すぐに松下幸之助さんのもとへ駆けつけると、松下さんはソファに座り、新聞を大きく広げて読んでいる。

「こんばんは、遅くなりまして申し訳ございません」と言う私に対して、松下さんはいつものにこやかな顔を一切見せることなく、眉間にしわを寄せながら私をじろりと睨み上げる。

「キミはなにを考えて仕事をしとるんや。これはなんや」と松下さんは詰問してくる。
「この仕事でキミが正しいと思うことはなんやねん！」

直立不動のまま、しどろもどろになって答える私に対して、松下さんは、「それがわかっておって、これはなんや！」と続ける。

松下さんの叱責は確かにその通りかもしれないが、正攻法だけでは乗り越えられないこともあって、やがてはきちんと軌道を戻します、とそのような言い訳はとても言えないが、私の心のなかでは、ブツブツと呟いている。黙って、ただただ松下さんからの叱責を受け続けるしかなく、チラリと時計を見ると、叱責はすでに一時間も続いている。

叱責の内容はほぼ同じことの繰り返しだ。私は口では反省の弁を述べながらも、心のなかでは次第に他のことばかりを考えはじめる。家で食事の準備をしてくれているだろうか。今日は家に帰って、食事をすることができるのだろうか。松下さんの怒りはいつになったら収まるのだろうか。そのようなつまらないことを考えている。

しかし、松下さんの叱責は、いつまでも終わりそうにない。しばらくしてまた時計を見ると、さらに一時間が経っている。かれこれ二時間も叱られ続けていることになる。この頃になると、烈火のごとく叱り続ける松下さんの姿に感動すら覚えてくる。

身に沁みる激怒の真意

自分の孫のような歳の部下に対して、これほどまでの熱意を持って一生懸命に叱ってくれている。それが単に怒りに任せてのものではなく、激烈な叱責の言葉の奥底に思いやりや優しさまで感じられてくる。そうか。そう言えば、基本の考え方、方針を押えていなかったな、そこからこの仕事に取り組んでこなかったのだから、やはり間違っていたのは自分だった。この人の言ってくれていることの意味を自分は本質的に理解していなかった。次第に、松下さんの激怒の真意が心に沁みてくるのである。

叱られ続けて三時間ほどが経つと、松下さんの叱責を心の底からありがたいと感じるようになる。そのような私のこころを読み取ってのうえか、「もうええわ、帰れ」。松下さんがそう言った頃には、夜の十時近くになっていた。

しかし、松下幸之助さんの叱り方は一様ではなかった。相手に応じて叱り方のニュアンスが変わっていた。たとえば、相手が気の強い強引な性格の人であれば、「人間、謙虚が大事」、気が弱く消極的な人であれば、「人間、強さ、積極さが必要」と言いながら、叱り、厳しく叱責していたことを思い出す。

呼び出しは昼夜を問わず

松下幸之助さんがそれほどまでに激しい叱り方ができたのは、部下との揺るぎない信頼関係があったことも忘れてはならない。人間は誰もが偉大な存在である。誰もがダイヤモンドを持っている。そうした人間観をベースに、「君ならできるんや」、「あんたならできるんや」といった言葉を、ことあるごとに部下に伝えていた。

そういう「人間大事」の気持ち、期待の言葉は、部下を激しく叱責する最中《さなか》にも滲み出ていた。尋常ではない叱り方をされながらも、厳しい叱責の言葉の奥底に松下さんの部下を思いやる温かい眼差しを感じることができたからこそ、部下も松下さんの叱責を真正面から受け止めることができたのではないだろうか。

松下さんの側《そば》で仕事をするようになって三年ほどが経った頃からは、土日休日も含めて、毎日のように電話がかかってきては、松下さんのところへ出かけていった。

PHP研究所の経営を任されるようになっても、その呼び出しは変わらなかった。平日は早朝や夕方に電話がかかってくる。早朝の四時に電話があり、「今から来い」と言われることもあった。そのようなときは電車が動きはじめるのを待って、始発電車で出かけた。

夕方に呼び出しがあるときには、四時か五時頃に電話が入るのが常だった。仕事を片付けて夜の七時頃に松下さんのところへ出向くと、いつものように松下さんはソファに座って待っている。夕食をともにしながら、仕事の話や報告、政治、経済、その他諸々の雑談をして過ごす。

九時になりＮＨＫのニュース番組が始まると、必ず松下さんは「ちょっと横になるわ」と言ってベッドに向かう。私はそこで、「では、今日はこれで失礼します」と言うのだが、松下さんは「キミ、これからなにか予定があるのか？　わしはまだ構へんで」。私はベッドの横にある椅子に腰かけて一緒にテレビを見ながら、松下さんといろいろな雑談をした。テレビを見ながら、「日本は政治がヘタやな」、「この歌手は薄幸そうや」などと他愛もない話が続く。十時になった頃にまた「今日はそろそろ失礼します」と言うのだが、松下さんは「まだいいやろ」と言う。最終的に松下さんが、「そうか、帰るか。ご苦労さんやったな」と言うのは、大抵、夜の十一時頃、ときには十二時を回ることもあった。

一日の疲れが吹き飛ぶ

ところが、私が帰るとなると、いつもいつも毎回、松下さんはベッドからわざわざ降りて、部屋の出口まで、私を見送ってくれた。私はすっかり恐縮して、「そのまま横になっていてください。どうぞ」と言うのだが、それでも八十歳を越えている老身でありながら、必ず、私を見送ってくれたのである。

松下幸之助さんから見れば、私は丁稚のようなもの。ベッドに横たわったまま、片手をあげて、「ご苦労さん」で十分なのだが、松下さんはきちんと見送ってくれた。私はほんとうに恐縮し、それ以上に感激すらしてしまうのが常だった。
そして、部屋の出口まで歩きながら、よく、「キミ、身体に十分、気いつけや」と優しい声をかけてくれた。あるときには、こんな言葉もかけてくれた。
「わしは百六十歳まで生きるつもりや。それまでにいろんな仕事をやろうと思っている。けどな、それをキミに手伝ってほしいんや。そうしてもらわんと、できへんのや。だから、キミな、わしより早く逝ったらあかんで」。

早朝から深夜まで続いた一日の仕事の疲れは、この言葉ですべて吹き飛んでしまったものだ。時間が気になり、早く帰ろう、早く帰ろうと思っていた気持ちがすっかり消えて、気分爽快になる。松下さんが投げかけてくれる、こうした日々のちょっとした言葉で、また明日も頑張ろうと思うことができた。

叱るとなると尋常ならざる雷の落とし方を見せる松下幸之助さんだが、平生のときの心に沁みる温かさは、厳しい叱責をオブラートに包み込むのに十分過ぎるほどであった。

深夜の電話

身の回りのお世話をしていた山田謙次さんが、松下さんが亡くなって間もなく、手紙をくれたが、その文中に「早朝夜中の電話のことなど本当にお気の毒でした」とあるが、「松下さんが江口さんのところには、ご自分で直接、電話機のボタンを押されますから、私はどうにもお止めすることができませんでした」と言っていた。だから、松下さんから、これほどまでに呼び出され、あるいは電話で、さまざまな、いまだに他言はできないようなことを話され、聞かされたことは、誰も知らないし、いくら話しても、信じられないのではないかと思う。

夕方に松下幸之助さんから呼び出され、十二時近くに家に帰った夜など、身体を風呂で癒し、すぐに眠りに就くが、時折、深夜の一時半頃、ちょうど私が寝入った頃に電話のベルが鳴り響くことがよくあった。

そのような時間に電話をしてくる人は他にはいない。松下さんからの電話だとすぐにわかけてくるのだ。ついさっきまで会って話していたにもかかわらず、数時間も経たないうちに電話をかける。

自分の家だから、真っ暗闇のなかでも勝手はわかる。私は飛び起きて、灯《あか》りもつけずに真っ暗な部屋で受話器を取り、「はい、江口です」と言うと、松下さんが言う。

「ああ、江口君か。夜遅く電話してすまんな。けどな、わしはな、キミの声を聞きたかったんや。キミの声を聞いたらな、元気が出るんや」

真夜中に上司である松下幸之助さんが、「キミの声を聞きたかった」と言って電話をしてくるのだ。そのときの私は、真っ暗な部屋で受話器越しに聞こえてくるこの一言で、私の目の前がパッと薔薇色に光り輝くように感じた。「キミの声を聞きたかった」。その言葉で一気に眠気は覚め、それから小一時間ほど、先ほどの話の続きやら、その後に思いついたこと、あるいは仕事の指示などの話を交わした。私は疲れも忘れて、松下さんが語る一言一言を心に刻んでいた。

純金の言葉

松下幸之助さんは、こうした日々の、ちょっとした言葉に温かさを感じさせる人だった。だが、こうした言葉の数々を「口がうまい」、「人使いがうまい」というテクニックとして受け止めてもらっては困る。

松下さんの言葉は松下さん自身の独自の人間観から生み出されたもの。人間は誰でも無限の価値を有している。ゆえにその尊厳は比類なきものである。肩書など関係ない。老若男女の区別もない。出自など、さらに関係ない。今、そこにいる人間は偉大な存在である。松下さんの言葉は、そうした独自の根本思想、考えから紡ぎ出された言葉だった。だからこそ、日々繰り返される同様な言葉が、「純金の言葉」として多くの人の心を打ったのだ。

また、そうした言葉を常に投げかけてもらえていたからこそ、誰もが松下さんからの叱責が、ときに尋常なレベルを遥かに超える激烈なものであったとしても、厳しく叱られれば叱られるほど、松下さんがその叱責に込めた思いをしっかりと受け止めることができたのであろう。

この本のテーマは、松下幸之助に学ぶ、叱り方という趣旨だから、松下さんの叱り方を中心に書いている。しかし、実際の松下幸之助さんは手練手管のテクニックを用いて叱る、策を弄して叱るということは一切なかったことは、今までの記述でおわかりいただけたのではないかと思う。

松下幸之助さんがどうやって部下を叱ったのか、どのように部下を育てたのかを実際のエピソードとして紹介しているが、そのまま真似しようとしてもなかなかできないはずだ。また真似したところで、うまくいくとも思えない。私自身、松下幸之助さんから学んだことを、後に経営者として部下指導に活かすことができたこともあれば、とてもできないことが多々ある。

この本を読む皆さんに学び取っていただきたいのは、松下幸之助さんのテクニックではない「叱り方」は、どういうことなのか。部下を育てるとは、どういうことなのか。また、そのためには自分がどのような人間的な成長をしていかなければならないのか。そのことを是非とも、松下さんの姿から感じ取ってもらいたい。そういう思いで書き綴っている。

六章

モノ・カネを追いかけない叱り方

モノ・カネではなく、ヒトを追いかける

「おい、○○、今月も目標未達じゃないか！」
「この見積もりのどこで利益を出すつもりなんだ！」
「コストに対する意識が薄すぎるんじゃないか？」
「もっと会社の業績に対して責任を持て！」

日頃、部下に対してどのような内容で叱っているだろうか。

管理職の役割は大きく二つある。一つは、その部署で担う事業目標を達成するという役割。もう一つは、部下を育成するという役割である。なんらかの事業を手がける会社である以上、業績の向上を目指すことは当然だが、管理職としての、もう一つの役割が部下の育成であることを忘れてしまっている上司がいる。

松下幸之助さんが経営において、なにを最も重視したかと言えば、「人づくり」である。

モノをつくる、おカネを稼ぐ、技術を育てるという以前に、それらすべての源泉となる「人を育てること」に徹した。その象徴が、「松下電器はモノをつくる前にヒトをつくる」という言葉だ。モノが大事、おカネが大事、技術が大事。それも決して否定はしない。しかし、ではそのモノやカネや技術をつくり出しているのは、なにかと言えば、やはりそれはヒトなのである。

小粒な平成の経営者

現在は、利益、利益、金儲け、金儲けの小銭稼ぎ屋の経営者が多い。やれベンチャーだ、やれ起業だと騒いでいる。売上六十億円、百二十億円、三百億円、多くても一千億円程度の会社の社長が成功者と持て囃《はやさ》され、その社長がベンツだの、アウディだの、レクサスだのを見せびらかすように乗りまわしている。一代で巨大企業を築き上げてきた昭和の経営者たちから見れば、まことに小粒な経営者に過ぎない。

平成の日本の経営者たちが〝小銭〟は稼ぐが、何兆円の売上規模の企業をつくれないのはなぜか。「平成の経営者の劣化」を多くの日本人が感じている。ホンダを築き上げた本田宗一郎さん、ソニーを育てた盛田昭夫さん、井深大さんも、昭和の経営者たちは、何兆円の企業をつくりあげている。時代背景が違うと言うかもしれないが、仮に今注目されている、「カネ」を追いかける平成の経営者たちが昭和の時代に生きたとしても、それだけの企業を築き上げることは決してできないと私は思っている。

それはなぜか。やはり「ヒト」を育てるという「滾《たぎ》るような熱意」が経営の第一ボタンであるということを理解していないからだ。

昭和の経営者はカネでもなく、モノでもなく、「ヒト」を追いかけた。ヒトを追いかけ、国を良くし、国民の生活をよくする、そして、社員を大事にするという考え方や切なる思いがあった。ヒトを追いかけて、ヒトを育てていくということを一生懸命にやったのである。極論すれば、利益、収益は二の次だった。

風船を大きく膨らませたいなら、空気を大量に吹き込めばいい。同じように会社を大きくしたいのならば、良質な人材一人ひとりを大きくする、数多く育成していく、揃えていくことが必要なのである。

そのためには、いついかなるときも、人を育てるチャンスだと捉える。雑談のときにも人を育てる。叱ることも「人を育てる」ためでなければならない。

松下幸之助さんが築き上げた松下電器も、その結果として会社全体が大きくなり、売上が伸びて利益が上がった。単に売上を伸ばそうとして、売上が伸びていったわけではなかったのだ。

数字ばかり追うから、お金が逃げていく

企業を成長させていくには、人材育成を先にしたほうが近道であることは明らかである。それが昭和の経営のなかで育ち、平成の現在にいたるまで経営者としての道を歩んできた私の結論である。ところが近頃の経営者たちにはそれがわかっていない。

振り返れば一九九一年に東西冷戦構造が崩壊し、右肩上がりの時代からデフレの世の中

になっていった。そのとき平成の経営者は狼狽《うろた》えてしまった。そして東西冷戦の構造が崩れたように経済の構造も大きく崩れたのだから、経営のスタイルも大きく変えなければいけないと安易に考えた。そのためにはアメリカ的経営というものを採り入れて、日本的経営を捨てなければいけない、今が不況なのは日本的な経営を続けてきたからだと、愚かにも考えたのである。

昭和の経営者は、国を思い、人を思い、国民を思って経営をしたが、アメリカ式の経営はそういう考えはない。自分中心、自社中心、利益優先、株主優先だから、少し業績が厳しくなると、いわゆるリストラに走る。いうところの人員整理、首切りである。そういうアメリカの経営のやり方がこれからの経営だと平成の経営者たちの多くが誤認した。さらに、事業が儲からなければそこだけ切って売ってしまうというM&Aの考えも取り入れた。切り売りしたものが海外へ行ってしまった結果、シャープや三洋電機の例を見るように、日本が培った技術を中国、韓国をはじめ、東アジアや東南アジアの国々に奪われてしまった。そのような情けない状況になってしまったのである。

日本的経営三種の神器のウソ

人事の面でも、人材育成は名ばかりで、実際には、「能力主義」、「実力主義」、「成果主義」だといって、極めて安易なリストラが横行。日本の労働者がどんどんやる気を失ってしまったことが、わかっているのだろうか。

優秀な若者がハーバード・ビジネススクールのＭＢＡなどを取得して、アメリカ式経営を学び、おカネばかりを追いかけるようになった。数字ばかり追っているから、逆におカネが逃げていく。悲しいことに、それが今の日本企業の現状である。

昭和二十五年にアメリカの経済学者、アベグレンが日本の産業界を調べて、日本企業の経営の特徴は、「終身雇用」、「年功序列」、「企業内労働組合」の三つだと言ったが、これはまったくのウソだ。

終身雇用や年功序列の仕組みが、どのように確立されたかといえば、第二次世界大戦後の労働力不足の時代に人材を確保するために、この会社にいれば、定年まで解雇しない、だんだんと地位を上げていくと訴えて、労働力を囲い込もうとしたのが始まりである。要するに戦後になってからの話。戦前までは結構、転職が多かった。いわゆる、ジョブホッピングの時代だった。職を転々とするのが当たり前だったのである。

松下幸之助さんは戦前の頃から、もともと余剰人員が出たら新たな事業で活用するという発想を持っていた。

たとえば、一つの事業を百人で千の単位の製品を造るということではじめる。しかし、しだいに一人ひとりが熟練してくるから、五十〜六十人もいれば十分となる。そうなると四十〜五十人が余ってくる。

そうなったとき、どうするか。アメリカ式経営ではこの余った四十〜五十人をリストラしてしまうだろう。

ところが松下さんはクビを切るということをしなかった。なぜ、クビ切りをしなかったのか。新規事業をつくって、その余剰の社員を吸収していったからだ。

創業当初、ソケットを造り、次にアイロンなどの電熱製品を造り、その次にラジオを造りというように、次々と電気製品の事業の幅を広げていった。事業が拡大するたびに余剰の人たちだけでなく、新たに人を増やす。というようにして、会社を渦巻き状に大きくしていった。新規事業を常に用意して、社員の雇用を守っていくことで、会社をどんどん大きくしていったのだ。

つまり、ヒトを追うことによっておカネが寄ってきたというわけだ。松下さんが利益第一主義で、おカネを追いかけていたら、おカネは逃げて、結局は、松下電器は衰退していったであろう。

しかし、このような経営は、なにも松下さんだけではなかった。本田さんも盛田さんも、あの土光敏夫さんも石田退三さんも、昭和の経営者はそういう経営をしていた。

人づくりこそが発展への近道

とはいえ、昭和の経営が今に、そのまま当てはまるとは思っていない。今は規模の経営を競う時代ではなくなってしまったからだ。だから私も社員数や工場の数をどんどん増やせと言いたいのではない。日本のマーケットが成熟、縮小していくことがわかっている以上、そういう経営を今やろうとしてもムリがあるのはよくわかる。

私が言いたいのは、「岩石企業」になるのではなく、「ダイヤモンド企業」にならなければいけないということ。すなわち、「ダイヤモンド企業」として世界を目指すべきだということだ。

数千億円のダイヤモンドでも、指で簡単につまみ上げることができる。

よく見かけるが、庭に大きな石を入れている家がある。その石はもちろん、一人で持ち上げることなどできない。しかし値段はせいぜい数十万、数百万、数千万円程度であろう。今の企業が目指すべきは、大きいだけの「岩石のような企業」ではなく、小さくても光り輝く「ダイヤモンドのような企業」だと思う。すなわち、「パーヘッド営業利益」を重視した経営を目指すべきということだ。つまり従業員一人あたりの営業利益をいかに大きくするかということ。

千人の従業員がいて利益が十億円の会社と、三十人しかいなくても十億円の利益を出す会社があるとしたら、後者のほうが「いい会社」、「大きな会社」だということである。

急がば回れ

ダイヤモンド企業をつくるためには、どうしたらいいのか。それは良質の人材を育成することに徹することだ。経営、企業、組織というものは、やはり「人がすべて」である。「経営の基本は人づくり」。「人づくりなくして経営なし」。これは昭和も平成も関係がない。モノ、カネよりヒトづくりだと言えば「そのような悠長なことを言っていられない」と思う人もいるだろう。だが、だからこそ、急がば回れ、なのだ。今の経営者は最短の道を狙って、最長最悪の道を歩いているように私の目には映っている。

目の前に田んぼがあって、向こう側の畦道《あぜみち》に行きたいというときに、今の経営者たちは最短距離を行こうとして、難渋しながら、田んぼの中を突っ切っていく。しかし、どう考えても、大回りのようでも、田んぼの周りの畦道をぐるっと回ったほうが早く向こう側に着くことができる。それと同じだ。最短の道を行こうと思うなら、まず、人を育てること、すなわち、利益を追いかける前に、お金を追いかける前に、人を追いかけろということである。

そのためには、部下を今まで以上に質的に向上育成していかなければならない。そのための「叱り方」、質の高い人材を育てるための適切な「叱り方」を、上司は心がけなければならない。

「人を大事にする」日本的経営

モノをつくる前にヒトをつくる。この「人を大事にする」という松下幸之助さんの考えが、部下に対する叱り方にも表れていた。

夏のある日のこと、ＰＨＰ総合研究所の経営の報告をしていると、松下さんが突然、

「キミ、今の社員は何人いるんや？」

と聞く。そのときは二百五十人だったから、そのまま、

「二百五十人です」

と私が答えると、「そうか、一千人やな」と言う。「いや、二百五十人です」と言うと、私の顔を見ながら、「キミ、社員の家族のことは考えておらんのか。平均して四人家族とすると、一千人やないか」。正直、そのような考えをしたことはなかったから、感心しつつ、黙っていると、「キミは、一千人の人の命を預かっていると思って、経営をせんといかん」。

そして、さらに、

「そうすると、キミは部下を叱らんといかんときもあるわな。そういうとき、どういう叱り方をしておるんや？」

と言う。

どういう叱り方をしているかと言われても、相手によっても、状況によっても異なる。私が答えに窮していると、

「叱るときに大事なことは、感謝の気持ちを忘れたらいかんということやね。日頃は、よくやってくれている。ありがとう。一生懸命、叱るときにも、とにかく感謝の気持ちをもって叱らなければいかんな。心のなかで手を合わせながら叱る。こういう心がけで、部

下を叱らんとね」

これは松下さんとの話のなかで、よく出てきた話だが、町工場の頃には、人を募集しても誰も来てくれない。そのようななかで、たまに応募してくる若者がいれば、そこそこの人なら構わず採用するという状況だった。

「じゃあ、明日から来なさい」とは言うものの、その通りに来る者も稀であったようだ。だから、明日になって本当に来てくれるのかが心配になる。翌朝、松下さんは本当にその若者が来てくれるか、店の前の道角に立ち、そっと覗いて待っていたという。そして遠くから歩いてくる若者の姿を確認すると、すぐに店に戻り、彼が店に入ってくるのを何事もなかったように待っていたそうだ。

そのような状況だったからこそ、会社に来てくれた人は必ず育てあげる、立派な人に育てなければいけない、と松下さんは心に誓ったという。

この話を聞いたとき、松下さんの社員を大事にする考えの原点は、もしかしたらここにあるのではないかと私は思った。

一人も辞めさせるな、一人も解雇するな

松下さんがどれほど人を大事にしたかを物語る有名なエピソードがある。

昭和四年、世界恐慌のあおりで、各々の会社は、倒産、縮小の惨状であった。もちろん、松下電器も存続が危ぶまれるようになった。その暮れの十二月のある日のこと、若い頃から体の弱かった松下幸之助さんは、西宮の自宅で横になっていた。

そこへ当時の幹部たちがやってきて、

「ウチも、とうとう持ちきれません。松下始まって以来のこの窮状を打開する道は、ひとまず従業員を半減し、生産を半減するしかありません」

と松下さんに決断を迫った。

手渡された解雇対象者のリストをしばらく黙って見ていた松下さんは、ポロポロと涙を流しはじめたという。そして、

「一人といえども辞めさせたらあかん」

と幹部たちに告げた。

自分はこの人たちの将来を大いに期待して採ってきたし、必ず成長してくれるはずだ。それを、会社が不振だからということで、クビを切るというのは、自分の考え方にはない。だから、一人もクビを切ってはいけない。加えて、一銭も給料は下げてはいけない。


その代わりに松下さんは「全社員を挙げて倉庫にある品物を売りに行け」と命じたのである。幹部たちも、おっ、さすが大将や、ワシらの大将やと、松下さんの決断を喜び、会社へ戻り、松下さんの決断を全社に伝えた。クビを切られると覚悟していた社員たちは歓喜の涙を流しながら喜んだという。


翌日から、幹部たちを先頭に社員たちは不況の街に出て行った。

「なんとしても売ってみせる」

松下の社内に恐ろしいほどの気迫がみなぎり、どうしようもなかった在庫がなんとわずか二か月ほどでなくなったのである。そこからは他社の困窮をよそに、増産に次ぐ増産となっていった。

松下幸之助さんの、人を第一に考える思いは、生涯、変わることはなかった。これこそ、「人間大事」の日本的経営だと私は思っている。

木に竹を接ぐ愚

こうした人を大事にする考え方は松下幸之助だけではなく、日本資本主義の父と言われる渋沢栄一や江戸時代の思想家・石田梅岩や鈴木正三も同じである。故・山本七平先生が生前言われていたが、鎌倉時代の僧侶、明恵《みょうえ》上人から一貫した思想だと言ってもいいと思う。

日本的経営とは、繰り返すが、「ヒトを追いかける経営」であると私は考えている。一方、アメリカ式経営とは「カネを追いかける経営」である。どちらが正しくてどちらが間違っているということではない。それぞれがその国の精神風土、国民の気質に根差して育ってきたものなのだからである。

しかし、一九九〇年代のデフレ突入の際、前述のように、当時の日本経営者たちは日本国民の精神風土に即した日本的経営を捨て、異文化で育ったアメリカ式経営へとシフトしてしまう。その結果、取り返しのつかないような現在の状態に陥ってしまった。木に竹を接《つ》いでうまくいくはずがない。失われた二十年どころか、今もってデフレ状態から脱することができていない。その責めは、安易に日本的経営を見捨てた平成の経営者が負わなければならないと思う。

やはり日本人には、日本の文化風土に根差した日本的経営が適している。欧米の文化は「直線の文化」であり、日本の精神文化は「曲線の文化」なのである。円と楕円の精神文化が日本であり、そこに直線的、直角的な欧米的な発想を持ってきても、当てはまるわけがない。そのことを企業人の多くが理解できていないようだ。

だから、人を育てるというような悠長なことをするより、リストラをするほうが早い、今の人材がダメならばもっといい人材を採用する、といった考え方になる。人を育てようとして「叱る」ということが、ほとんどなくなってしまっている。それが現在の企業の実態であるまいか。

仕事は手段

松下幸之助さんに叱られると、叱られた部下は嬉しがった。松下さんが人を叱るときには心の根底に、こいつを育ててやろうという思いがあることを察することができたからだ。自分の人格、自分の価値を評価してくれたうえで叱ってくれていることがわかったのである。

今の経営者や上司が部下を叱るときは、突き詰めて言えば、売上げを達成できないときばかりだろう。どんな表現で取り繕っても、その奥底には、カネのことしか考えていないことが透けて見えてくる。

昭和の経営者たちも売上目標は掲げたが、それは社員の能力を引き出すためのものだったと思う。少なくとも松下さんはそうだった。業績目標はあくまでも手段であり、目的は「社員が成長すること」だった。それが現在では、まったく正反対になってしまっている。

社員の成長は手段であり、おカネを儲けることが目的となってしまっている。それでは社員の人たちも一生懸命に働くはずがない。社員の人たちが成長するはずもない。

正規社員も人間、派遣社員も人間

最近では企業内での働き方も多様化し、契約社員として働く人も少なからずいる。そのような職場を預かる上司から「派遣社員だから叱れない」といった声を聞くことがある。派遣社員を指導しようとすると、派遣元の会社から、

「指揮命令権は派遣先ではなく派遣元にあるから、指導すべきことがあれば、こちらから伝える」

と言われるそうだ。それが約束でありルールなら、従わざるをえない。だから、

「どうせ派遣社員だから、わざわざ叱って育てても意味がない。契約期間が過ぎたら切ってしまえばいい」

と割り切るのだという。しかしそういうやりとりからは、派遣元も派遣先も、人を人として扱わず、まるで物のように扱う態度がうかがえる。そこにはその人材を育てるという

意識が感じられない。

派遣社員だからといって、なにも言えないというのでは、その職場の組織が機能するかどうか疑問になってくる。確かに派遣社員や契約社員の部下は、契約期間が過ぎたらいなくなるかもしれない。しかし、たとえ残りの期間が三ヵ月、六ヵ月であろうと、叱っていいときもあるはずだ。その派遣社員が次の職場で失敗しないように、「私はあなたのことを思って叱るのだ」、「人間として叱っているのだ」、「あなたの成長を思い、叱っているのだ」と言える、そういう思いをしっかり持って、叱る必要のあるときは叱ればいいと思う。正規社員、非正規社員、あるいは派遣社員の区別なく、「一人の人間を育てる思い」があればいいと私は思う。また、派遣元も、そういう思いであれば、理解し、納得するだろうし、しなければ、そういう派遣元と付き合う必要はないと言えるだろう。

相手が正規社員であろうが、派遣社員であろうが、契約社員であろうが、対応の仕方に違いを設けるべきではない。すなわち「人間としての教育」を正規・非正規を問わず行うべきである。「人の道、人間大事」は、叱る基本である。「その人のため」でなければならない。

正社員だろうと契約だろうと派遣だろうと、「人は誰でもダイヤモンドを持っている」、「ダイヤモンドを磨いてあげよう」、「育ててあげよう」という思いを持って愛情をこめて指導していく。そして、ときに叱っていくのが上司の役目である。

アメリカ式経営の弊害

そもそも派遣社員や契約社員がこれだけ増えたのはなぜか。それは、ヒトを追わずにカネを追うアメリカ式経営の弊害だろう。アメリカ式経営は株主中心主義だから、経営者は任期中にどれだけの利益を上げるかを追求する。常に短期決戦である。利益を上げなければ株主総会で追及され、退任に追い込まれるから、なにがなんでも利益を上げようとする。その結果、社員、つまりヒトが犠牲になり、会社の利益が最優先される経営になっている。

業績が低迷するなかで利益を上げるための最も簡単な方法は、固定費のなかの人件費の削減である。手っとり早く利益を確保するためには、従業員のクビ切りや給料をカットすることである。その結果として、雇用調整がしやすく、相対的に人件費の安い派遣社員や契約社員の雇用が増えてきたということである。

前述したように、昭和四年の世界恐慌の際に、「一人もクビを切るな、一銭たりとも給料を下げるな」と言った松下幸之助さんの決断とは正反対のアメリカ的発想で、現在の日本企業の経営が行われている。

なかには、「現場の管理職でしかない自分にそのような日本的経営だとか、アメリカ的経営だとかいう話をされても――」と思う人も少なくないだろう。しかし、一般社員を部下に持つ上司こそ、現在の日本企業が歩んでいる道の誤りを理解すべきではないか。その上司も上役からモノ、カネの成果ばかりを押し付けられているのかもしれない。上司という立場の人が、「人を大事にする」ということを忘れた日本企業の最大の犠牲者になっているのかもしれない。

だからこそまずみずからが部下の成長を願い、部下の能力を引き出す指導を行ってもらいたい。「人を大事にする」ということが、前にも指摘した通り、結果的には業績向上への近道となることを、証明してもらいたい。正規社員であろうと、非正規社員であろうと、人を「利益確保の安全弁」に使うことだけは止めてほしいと願っている。

人間としての幸福

部下を成長させ、部下のやる気を引き出すために、上司は、なにができるのか。それはやはり、「結果より熱意や努力を評価する」ということに尽きる。

今は、要領よく、手際よく、成果を上げる人が評価される風潮にある。なかには人を騙してでも結果さえ残せばいいという考え方が広がっている。

しかし、人間にはいくら努力しても成果が上がらないときがある。そのときにこそ努力を評価してやる。反対に、努力もせず、そこそこの成果が上がることもある。この場合は反対に、最善の努力をしていないことを叱らなければならないのだ。

なぜ私が今、主流の「成果主義」とは反対に、「結果よりプロセスを重視すべし」などと言うのかと言えば、それが人の幸福観に関わることだからである。わかりやすくいうと

「あなたはなにのために生きているのか?」という問題だからだ。

人間はどんな生き方をしようと、最期が来る。それがいつかはわからないが、人生の最期は誰も同じだ。では、人の一生の幸不幸を分けるのはなにか。

お金があれば幸せなのか。仕事で成功することなのか。会社で、高い地位を得ることなのか。名声を得ることなのか。それぞれ考え方はあるだろう。

しかし、万人に共通するのは、「持って生まれた人間的能力を、可能な限り最大限に発揮すること」が、幸せにつながると私は考えている。せっかく人として生まれ、能力を持って生まれてきたからには、それを発揮せずに死んでしまうほど不幸なことはない。

持って生まれた人間的能力の九十パーセントを発揮したけれどもお金持ちになれなかったという人と、五パーセントしか発揮していないのに、たまたま、宝くじに当たったように、お金持ちになった人がいたとして、どちらが人間として幸せなのか。

もちろん、さまざまな意見、考えもあろう。しかし、私は九十パーセント発揮しながら、お金持ちにならなかった人のほうが幸せだと思う。

金持ちになっても「まだまだやり切れてない」とか、「あのとき、失敗を恐れて取り組めなかった」などと、悔いを残し、思いを残しながら死んでいくことが、果たして幸福な人生とは言えないだろうということである。

たとえ、お金持ちにならなくても、自分の可能性に挑戦して自分の能力を引き出し、棺《ひつぎ》に片足を入れたときに、わが人生を振り返って、「自分は人生を精一杯生きてきた。後悔はない」と思えるほうが幸せではないか。

部下の幸福実現のために叱る

人は決して他の人の人生を生きることはできない。多くの友人がいようとも、双子で生まれてこようとも、本質的には一人なのである。最初から最後まで、人間というのは一人で生き、一人で死んでいく。世界のどんな人も、あなたの人生を生きることはできない。

人間はいつでもどこでも、徹底的に一人である。
それはつまり一人ひとりが、長い地球の歴史のなかで唯一の存在だということだ。だからこそ、他人からなんと言われようと、自分だけに与えられた人間的能力を出し切ることが、それぞれの人の幸せにつながるのではないか。自分の能力を最大限発揮することは、自分という人間がこの世に生まれてきた意味に直結するのだと私は考えている。

そう考えると、一生懸命に努力しても成果が上がらなかった人と、努力しなかったけれど成果が上がった人とがいたなら、前者、すなわち、努力した人を高く評価するほうがいい、ということは理解できるだろう。

そのような観点からの「叱り方」をしなければならないということだ。「私があなたを叱っているのは、究極、あなたの能力を引き出すお手伝いをしたいからだよ」、「あなたが幸せを実感することを願って、叱っているのだよ」ということでなければならない。

会社で仕事をすることはあくまで手段にすぎない。「仕事は手段」である。目標はそれぞれの人が仕事を通して、会社を通して、持って生まれた人間的能力を引き出すこと。それが私の考え方である。この考え方を徹底すれば、結果的に会社は発展していく。

努力した人を常に評価するということをしていけば、そのことが周囲にも波及する。そのことで成果を挙げている人も、さらに努力するようになる。成果が上がらなかった人も、努力を評価してもらえれば、「次はもっと頑張ろう」ということになる。結果的には会社全体として成果が向上していくことになる。

叱るということも、そうした考え方、すなわち、その人の能力を引っ張りだしてあげよう、成長させて上げようという思いが根底になければならない。そのような考えに徹していれば、契約社員だとか非正規社員だとか、正社員だとかの区別は必要ないし、また、叱られたほうも反発するどころか納得してくれると思う。

成果ばかりを評価するのではなく、その人の「熱意や努力」を評価すること。それがヒトを追いかけるということだ。今の企業は、もっともっと人というものを深く理解する必要があると私は思っている。

終章

人間的成長のための一〇の努力

上司に必要な人間的成長

いかに優秀な人間と雖《いえど》も、パーフェクトではありえない。人はそれぞれに一長一短があり、優秀な面と劣る面を併せ持っている。

上司の役割とは、それぞれの部下の長所を伸ばし、短所を抑えて、その部下の可能性を引き出し活かして、一部門としての業績を上げていくことにある。そのためには、部下の育成が鍵となるわけだが、この育成というのが難しい。世代の違う部下の価値観を理解しなければならないからだ。そのような理解に努めるためには、部下と話し合う、部下と交流して時代の底流を学ぶ。そして、部下に、やる気を出させて、部下の能力を引き出す、成長を引き出す。なにより、部下の、持って生まれた人間的能力を引き出すことに努める。上司はそのような努力を怠ってはならないだろう。

その過程で、難しいのは、「叱る」ということだ。叱らなければならないときが必ずある。もちろん、「叱る」ことの目的は、部下に、人間的成長をしてほしい、もっと実力を発揮してほしいと思うことにある。「ほめる」ということは、ある意味、さほど難しいことではないかもしれない。部下を、酔わせて、育てようというような面もある。しかし、「叱る」ということは、苦《にが》いクスリを飲ませる、あるいは外科手術のようなものである。

人を叱るときに突きつけられるのが、果たして上司に部下を叱る資格があるのかということだ。苦いクスリを部下に飲ませる資格があるか、外科手術をする資格があるかということが必ず問われる。医者の人柄によって、同じクスリでも効果が違う、患者の受け取り方、結果が違うと、ある医者から聞いたことがある。まして、手術をしなければならないということであるとなれば、患者は、その医師の技術とともに、その人間的魅力に信頼をおくのではないか。ああ、この先生なら大丈夫だと思う心が、手術の成功にかなり影響を与えるに違いない。

「神の手」を持つと言われる、世界的な脳外科の日本人の医者が、よくTVで取り上げられる。彼の超卓越した手術技能もさることながら、その人柄、温かさ、人間的魅力には、私はいつも心惹かれている。

実は、「叱り方」以上に、上司は、「叱る資格」を身につけなければならないと思う。今まで述べてきたこと、「叱り方」よりも、「叱る資格」が重要であるということだ。そのためには、なによりも、上司自身が人間的成長をしていなければならないと思う。「自分づくり」をしていかなければならないと思う。上司にその人間的成長と人間的魅力、難《むずか》しい言い方になるかもしれないが、「人徳」があってはじめて、部下を叱ることができるのだということは、よくよく心に留めておく必要があるのではないだろうか。

叱るためには、叱る側の努力、人間的魅力、人徳を身につける努力。そういう上司であってはじめて部下は、上司の言うことを信用し、その叱責に真摯に耳を傾けるのである。極端な話をして恐縮だが、泥棒が「物を盗むなかれ」と話しても、なんら説得力はない。同じことだ。

叱って部下が納得する上司としての成長をしたい。部下を叱っても、「部下がついてくる上司」であるために必要な努力を、ここで考えてみたいと思う。

一、身を律し、些細なことに丁寧に取り組む努力をすること

すべてに、なにごとにも、身を律し、誠実に取り組んでいくことが大切である。為すべきことは為す。やるべきことはやる。部下が居ようと居まいと、見ていようといないとにかかわらず、人間として行うべきは行う。そういうことを常に心がけ努力することである。ごまかしても、必ず、部下の知るところとなる。「天知る。神知る。我知る。子《し》知る」という諺があるが、まさに「部下知る」ということを上司は頭のなかにしっかりと置いておかなければならない。誰も見ていないだろう。もうここは会社ではないと勝手な非人間的な振る舞いをしても、天網恢恢疎にして漏らさず。必ず、白日に晒されるときが来る。

そうなれば部下はその上司の言うことを、とりわけ叱責を馬鹿にする。言うことを聞かない。それどころか、完全に「軽蔑の対象」になるだろう。「愚かな上司」にならないように心がけなければならない。

また、小さいこと、いや、小さいと思われることこそ、しっかりと取り組み、可能な限

り誠実に日々を過ごしていく。当たり前のこと、平凡なことをきっちりと積み重ねていくことも心がけるべきだろう。

そのような当たり前のことの積み重ねが、大きな成功につながること、平凡なことの積み重ねが、非凡につながることなどを、身をもって部下に示すことが必要である。エッ！そんな小さなこと、細かいことも丁寧にやるの？　部下は、はじめはそう思うだろうが、それが愚かではないことを結果が出てきたときに、次第に理解してくる。

なるほど、「神は細部に宿る」と言うけれど、上司を見ていると確かにその通りだ、偉い上司だ、誇りに思える上司だということになる。仕事は、絶え間ない日常の積み重ねのうえに成り立つからだ。日常些細と思われることを誠実に実行していくことによって、上司は、成長し、叱る資格を得ることになるだろう。

二、可能な限り、ものごとを肯定的に考えるように努力をすること

ものごとをマイナスに見てしまう、悲観的に見てしまう傾向というのは、誰もが持って

いるが、上司は努めて、マイナスをプラスに、否定的なことを肯定的に考えていくことが大切である。自分を否定して、自分で自分を窮地に追い込めば、結局は自分をダメにしてしまう。そうならないために、ものごとを前向きに捉え、真剣に日々精進し、成長していかなければならないのである。

松下幸之助さんが若い頃の話だが、渡し船に乗って船べりに座っていると、その船べりを歩いてきた人が、ちょうど、松下さんが腰かけているところで、足を滑らせて海に落ちてしまい、松下さんは、それに巻き込まれて一緒に海に落ち、危うく命を落としそうになったことがあった。普通だと、「なんて運が悪いんだ」と思うところだが、松下さんは違っていた。

自分は運がよかった。夏だから、海が冷たくなくてよかった。冬だったら凍え死んでいたかもしれない。それから、少しは泳ぎを覚えていたから溺れることがなかった。泳ぎを覚えていてよかった。しかも、船がすぐに戻ってきてくれて、助けてくれたから死なずにすんだ。だから、「自分は運がよかった」と言うのである。

松下さんは、「助けられた」という肯定的な面から、ものごとを見ていくので、不運なでき事さえも、「運がよかった」と捉えることができたのである。松下さんのこの前向きな見方は、経営においても、幾多の困難を乗り越える原動力となった。

ものごとを肯定的に見ていくことは、仕事に前向きに取り組む姿勢となってあらわれる。それは、上司の成長にとって欠かせないものである。そして、それは部下の長所を見るということにもつながっていく。

「叱る」ということで言うなら、部下の短所を見て叱る上司ではなく、長所を見て、その長所を伸ばしきっていないから叱るという上司へ成長しなくてはいけない。

日々、起こるでき事を前向きに捉えて、次にすべきことを建設的に考えていく。それができないのは、自滅する「間抜けな上司」であり、それができる上司は、部下から見ても魅力的で、「信頼できる上司」である。部下を叱る資格の一つは、確実に、「部下の長所を見ることができること」、「肯定的見方」ができることである。そして、上司はそのために、ものごとを肯定的に捉えられるよう日頃から努力し、成長していかなければならないのである。

三、私心に捉われないように努力をすること

人間は、どうしても自分が大事なので、自分中心にものごとを考えてしまう。しかし、自分に得するように得するようにと行動していくと、結果的に、自分に返ってくる成果は小さくなってしまうのである。私欲は、極力排して、周囲や部下が喜ぶようなことを考えていく上司にならなければならない。

地獄と極楽の話をご存知だろうか。地獄にいる人たちは、左手が椅子に縛りつけられていて、右手には柄の長い匙《さじ》を結《ゆ》わえられ、真んなかの机にはご馳走が並べられている。しかし、匙の柄が長すぎて、うまくご馳走を口に運べない。皆、争って、自分だけがご馳走を食べようと悪戦苦闘するが、うまく食べられず、顔中にご馳走が落ちて、混乱の極みである。

一方、極楽はというと、様子は地獄と変わらないのだが、皆がにこやかに食事をしてい

る。皆が隣や向かいの人に、匙でご馳走を食べさせてあげるので、柄が長くても困らないのだ。

この話は、自分に捉われて執着するのが地獄であり、自分に捉われず、相手のことを考えることが、結果的には自分のためにもなるという説話だが、私心に捉われない「自分づくり」が、いかに大切かを教えてくれている。

部下に、「私の上司は、自分のことを置いておいても、まず私たちのことを考えてくれている」と思われていれば、上司に叱られたときでも、部下は、「上司は自分の成長を願って、叱っているのだ」と理解できる。しかし、上司が自分の都合や、そのときの気分で部下を叱っていれば、部下は、叱ったことの真意を理解しようなどとは思わないだろう。思いやりの心を持って接し、人を惹きつける「自分づくり」をして、自分中心の言動はしない。部下の気持ちを察し、その立場から一度考えてみることによって、上司は成長するのである。

四、必ず、約束したことは守る努力をすること

約束を守るのは、「当たり前のこと」と思われるかもしれないが、簡単に見えて実は辛《つら》いことである。将来、起こることは誰にもわからない。それでも、「こうする」と決めたら、万難を排して、やり遂げなければならない。部下との約束を守り、周囲の人や部下の信頼を得るのは最も大事なことである。

往々にして、約束をした上司は、すぐに約束を忘れてしまうことが多い。しかし、約束をしてもらった部下は、約束をしっかりと覚えているものである。

江戸時代後期の読本作者、上田秋成の『雨月物語』のなかに『菊花の契り』という話がある。播磨の国で清貧の暮らしを送る学者がいたが、ある日、訪ねた友人の家のそばで行き倒れになっている人を助ける。病で、生死の淵をさまよっているが、武士の風格が見受けられる。学者は、この武士らしき人を熱心に看病し、養生させる。その甲斐あって武士らしき人は、徐々に回復の兆しを見せ、いつしか学者と武士らしき人との間には友情が芽

生え、義兄弟の契りを結ぶまでになる。やはり、その人は武士で、しかも密命を帯びた道中での病であったことを明かす。

武士は、看病をしてくれた学者の恩に報いるため、来年の九月九日、菊の節句に戻ってくることを約束し、国元へと旅立つ。しかし、その武士を待っていた運命は苛酷なものであった。武士は城に幽閉され、菊の節句に学者のもとに行くことが叶わなくなってしまう。しかし、菊の節句の日、武士は学者のところへ戻ってくる。約束を守るためにみずから命を絶ち、魂となって戻ってきたのである。

約束を守ることは、日本人にとって最も重要視されていることだと言っていいだろう。約束を守ることによって人間的成長が図られ、約束によって信頼関係は生まれていく。だから、周囲や部下との約束を守る上司は、信頼され、慕われ、その人の人間的魅力ともなるのである。『菊花の契り』のように、命がけで約束を守れとまでは言わないが、いつでも、約束を守るということを心がけなければならない。その心がけが、人間的成長につながり、部下からの信頼を得ることができるのである。

五、陰で、批判、非難をしないように努力をすること

人というのは集団になると、必ず気に食わない、意見が合わないという人が出てくる。それは、世の常であるから仕方ないが、ここで忘れてはいけないのは、自分が「あの人は気に食わない」と思っているときには、相手もまた、自分のことを「あの人は気に食わない」と思っているものだということである。

だから、陰で気に食わない部下、意見の合わない部下の批判、非難はしないほうがいい。言いたいことがあるなら、その部下本人に直接、「こういうところを直してもらいたい」、「私とキミとは、こういうところで意見が違うようだが、私の意見はこうだ」と、正々堂々と言うべきなのだ。陰では、部下の非難、批判を言うが、表立っては言わず、何事もないように振る舞うというのは、人間としての品性に欠ける卑怯な行いである。上司たるもの、堂々と部下にものを言える「自分づくり」をしていかなければならない。そうすれば部下は、「あの人は堂々として、表裏のない人だ」と敬意を持ち、信頼してくれる。

よく、部下を相手に、他の部下の悪口を肴にして飲んでいる上司がいるが、その悪口を聞いている部下は、相槌を打ってはいても、上司を軽蔑こそすれ、敬意は持つことはない。

上に直言、諫言ができ、部下からの批判もきちんと聞く。もちろん、間違ったことを言われれば、指摘し、説得しなければならないが、その努力を続けていくことにより、上司として成長していくことができるのである。

陰でもの言う上司は、人間的に成長しない。すべての部下にも、軽蔑されるだけだ。そのような上司が部下を叱っても、部下に軽くあしらわれるだけで、やがて、無視さえされるようになるだろう。

六、先を読んで事を進めるように努力をすること

子どもは先が読めず、危険性がわからないから、家のなかで火遊びをしてしまう。家のなかで火遊びすれば、やがてカーテンに燃え移り、火事となることがわからないからだ。

しかし、案外、われわれは、先を読んで今を考え行動しない。『論語』に、「遠き慮《おもんぱか》りなければ、必ず近き憂いあり」とある。「遠い将来のことを考えず、目先のことばかりに捉われていると、近い将来必ず心配事が起きる」という意味だが、仕事や人生の先を読まずに、今、できること、やりたいことをやるというのであれば、大人《おとな》にあらず、子どもであるということになるだろう。その結果、壁にぶつかり、断崖に立たされることになる。「木を見て森を見ず」という言葉があるが、今、目の前にある木を見るのではなく、まず、先にある将来、森も見なければならない。そのうえで、その将来を実現するためには、今、なにをすべきかを考える。つまり、将来を考え、目標を持って、今を考えられるのが、「大人の発想」なのである。

大人の発想をする上司は、案外と少ない。「今までこうだったのだから、それを続けよう」という姿勢で仕事をしている上司が多いのだ。今を見て、現在を積み上げていく。そういう知恵も発想もない、演繹的思考では、部下の信頼を得ることはできない。なにより上司は部下に「夢」を与えなければならないのに、「今」ばかりを語り、「今」ばかりを基準にして、ものを言う。それでは、「子ども」となんら変わりがない。だから、部下に夢が与えられない。目標を示すことができない。「こういう夢を持とう、将来、こういうことを実現しよう。そのためには、今、苦しいけれど、こうしてみよう、今、こういうことをやってほしい」という思考と指示ができない上司は、幼稚な子どもと言う以外にない。

言うまでもないことだが、「幼稚な上司」では部下は不安になる。この先どうなるのか、どうするのかがわからない。当然、部下はそういう上司に不信と疑念を持つようになる。「この人だったら、今までにない状況になっても、適切に目標に向かって、夢に向かって対処してくれるはずだ」、「この人についていけば間違いない」という気持ちがなければ、部下はついてきてはくれない。そういう上司に部下を叱る資格はない。部下の信頼を得るためにも、叱っても慕われる上司は先を読み、今を語ることができる「自分づくり」に怠ることなく努力し、成長していかなければならないのである。

七、自分が言うことを自分で実行する努力をすること

言うことは立派だが、自分は、自分で言っていることをやらない。部下には、得々と、

あるいは厳しく、「こう、しなければいけない」、「こういうことは、やってはいけない」などと、言いながら、上司たる自分は、やらない。

「遅刻をするな」と言いながら、自分は、遅刻をする。「交際費を使うな」と言いながら、自分は、なんだかんだと理由をつけて交際費を使いまくる。「性根を据えて、仕事をすれば、このような間違いはしない。お前は、性根がないんだ」と言いながら、自分は、ふわふわと調子いいばかりで、間違った仕事をして失敗している。自分で具体的な事業案も出せない上司が、部下が出してきた企画案が「抽象的だ」と言って、激怒する。そのような上司はいないだろうか。

以前の話だが、テレビで「説教」をわかりやすく話をする若いお坊さんがいた。結構人気があった。人の道を説き、仏の道をわかりやすく、楽しく話をしていた。ところが、数か月後に、そのお坊さんが、なんと女子高校生をホテルに誘って、ことにおよび、逮捕されたという事件が起きた。マスコミは批判し、視聴者は激怒した。「言っていることと、やっていることが違うではないか」、「恥ずかしくないのか」などと叩かれた。

自分の言うことを、自分で実行しない、やらない。その「滑稽さ」に、本人だけが気づいていない場合が多い。言うだけで、「してみせる」ことをしなければ、部下は信用しないのだ。そんなことでは部下はついてこないし、管理職とは人に偉そうなことを言って、自分は好き勝手にやるものなのだという誤った考えを部下に植え付けかねない。

人間的成長というのは、特別なことをやれということではなく、当たり前のことをやれるように、「自分づくり」をすることだ。自分の言ったことは、必ず実行する。なかなか難しいことだが、そういうことができるように、上司たる者は努力し、人間的成長をしなければならない。

自分が言ったことは、まず自分が守らなければならない。守り実行することによって、はじめて、部下を叱ることができる。部下も、そのような上司なら叱られても、納得する。

自分が言うこと、叱ることは、必ず実行する、実行している。そのような上司でなければ、上司たる資格はない。

八、常に反省し、自分を見つめる努力をすること

「こういうところはよくないから、直したほうがいい。折角の君の持ち味が出ないよ」、「よかった。ありがとう。しかし、こうすれば、君はもっと素晴らしい仕事ができる」というように、相手のことを考えて、部下の出した結果が、よくても悪くても、率直に言ってくれる上司は、なかなかいない。とかく、部下の欠点だけを見て、意見する。うまくいったときにはなにも言わない。どうしてそのように、部下の欠点だけを見るようになるかと言えば、上司が自分を見つめ、「反省」をしないからだ。

「反省」とは、振り返って、うまくいかなかったこと、失敗したことだけを考え、「ああ、悪かった」と思うことだけではない。「真の反省」とは、振り返って、「失敗したことを、次はどうしたらうまくできるかを考え、うまくいったことを、次はどうすれば、もっとうまくできるかを考えること」である。そういうように、悪かったことをよくするために、よかったことを更によくするために、常に自分を見つめ振り返って考える、すなわち、

ずだ。
「反省」をしていれば、部下に対しても、結果がよくても悪くてもアドバイスができるはずだ。

そういうような「真の反省」をしていないから、自分のうまくいったことも反省しないし、部下がいい結果を出してもほめるだけでアドバイスができない。部下は成長しない。そこで成長が止まるということになる。結果がよくても悪くても、的確に、部下に常にアドバイスできるように、「反省」することによって、自己成長、人間的成長に努力する上司でなければならない。

松下幸之助さんが、人間的魅力を失わなかったのは、毎日、反省を欠かさなかったからだと私は思っている。あるとき、松下さんに、「キミ、よく眠れるか?」と聞かれたことがある。朝から晩まで、ほとんど毎日、仕事をしていたから、「はい、おかげさまでよく眠れます」と答えると、「キミな、寝床に入ったら一時間は、今日一日あったことを反省してみんとあかんで」と、笑いながら言われたことがある。私が、「一時間、眠らないで反省ですか?」と言うと、松下さんは、「今日一日を振り返ってみて、いいことがあったら、次はもっとうまくできないかと考える。まずいことがあったら、次はどうしたらうまくいくかを考える。それが反省や」と教えてくれた。

反省は、まずいことがあったときだけするのではない。いいことがあったときもするものなのだ。そうすれば、自分が成長するヒントを自分で見つけ出すことができるのだ。自己観照し、自分が昨日の自分と、どれほどの違いがあるか、成長したかを反省することによって、自分を成長させることが、上司の必須条件である。そういう上司なら部下を叱っても、部下は必ず上司についてくる。

九、尊敬する人を持つように努力すること

仕事においても、人生においても、自分が進んで行くときには、松下幸之助でもよい、坂本龍馬でもよい、聖徳太子でもよい、上杉鷹山でもいい、とにかく、「尊敬する人物」を持つということは大切なことである。そうすることによって、自分が具体的にどういう人間になりたいかということを周囲や部下が理解してもらうことができ、自分に対して

も、その具体的な人物目標に向かって努力し、心がけていくことができるようになる。

私の場合、松下幸之助、李登輝（台湾国元・総統）、中村菊男教授（恩師）、また、天谷直弘氏（通産官僚）、山本七平氏（評論家）を尊敬しているので、今でも、五人の写真を部屋に飾っているし、公言している。共通するところは「公」というところである。「私」がない。そういう人たちに私は憧れ、尊敬している。目標にしている。皆、素晴らしい方ばかりなので、そうやって、具体的な人物を思い浮かべると、自分が目指す方向がわかり励みになる。五人の方々の写真をことあるごとに見ると、写真の五人が、ほめてくれたり、注意してくれたりする。本当の話だ。それはともかく、自分が、そういう素晴らしい五人に、どこまで近づけるか。そのためには成長していかなければならないと心に誓う。そうすることによって、私は私なりに成長してきたように思う。

今は、具体的に尊敬する人がいないという人が多い。いても言わないのか、説明できないから言えないのかどうかはわからないが、せめて尊敬できる人物は、ハッキリと持って、ハッキリと言ったほうがいい。そのことによって、自分を成長させることができるだろう。

よく、尊敬する人は、父です、母ですという人がいる。それはそれでいいが、やはり、客観的に、歴史に名を残すほどの人物を尊敬し、追いかける上司のほうがいい。周囲も部下も、その尊敬する人物から上司を理解することができるし、上司としての自分も、その尊敬する人物を目指す具体的目標を持つことによって、人間的に成長することができるからだ。尊敬する人物を持っている上司を、部下が尊敬することは間違いない。だから、叱られても、上司を通して、部下は、上司の尊敬している人物から叱られているとも思うから、上司から叱られても、なるほどと素直に聞くことができるというものである。

一〇、不動の心を持つように努力すること

ことあるごとに右往左往する、付和雷同するでは、部下はついてこない。信念をしっかりと持ち、人間としての座標軸をもって、なに事にも動ぜぬ自分をつくることは、上司の務めである。禅の教えの一節に、「風吹けど動ぜず、天辺の月」という言葉がある。これは、風が吹けば地上の草木はざわざわと揺れ騒ぎ、天空の雲も流れ去るが、天上の月だけ

は動ずることなく不動で輝いているということを表現したものだが、これこそが上司の理想の姿だろう。

不動というと、頑固さや強情さを連想しがちだが、そうではない。頑固さ、強情さというのは、自分に捉われているということで、私心から発するものである。不動の心は、文字通り、動ぜざる心。宮本武蔵の『五輪書』には、「構えあって、構えなし」という言葉のように、不動の心とは「動かない心」ではなく、「動じない心」。一つのことに捉われて動かない心なのではなく、なに事にも捉われず動じない心。むしろ、あらゆることに気配り、目配りしながら、デンと構えて、どのような状況にも対応できる心。それが不動の心、動じない心ということだろう。

そのような、不動の心を持った上司、問題が起こっても、「動ぜざる心」で対処する上司に、部下は心酔する。「頼りになるなあ」、「あの人についていこう」、「叱られても、怒られてもこの上司に指導してもらおう」と部下は思うものだ。事が起こるたびに、鶏のようにバタバタし、狼狽し、挙句の果ては、「オレに責任はない。お前たちがやったんだろう」と言うようでは、部下はついてこないし、叱っても、逆に馬鹿にされるだけだ。不動の心をもって、叱り、ときに、静かに「わかった。後は私に任せておきなさい」という上司に部下は感激してついてくる。そういう不動の心を身につける努力を、上司はしなければならない。

では、不動の心を持つためには、どうしたらよいのか。

そのためには、常日頃から、不動の心の大切さを自覚し、それを自分に言い聞かせ、問いかけていく努力を忘れないことである。座禅を組む、あるいは、毎朝、ほんのいっときでも心を落ち着かせ、呼吸を整え、不動の心の大切さを考え、誓うというだけでも、不動の心を培うことはできる。あるいは、なにか、小さなものを身につけて、いつもそれに触れながら、不動の心の大切さを確認する。また、自分の意見を述べるときに、心のなかで不動の心と呟く。部下の話を聞くときに、不動の心を念じながら、耳を傾ける。

もちろん、一朝一夕で、身につく、習得できるものではないが、その努力はおのずと滲み出て部下の知るところとなり、部下もそのように努力している上司に信頼を寄せる。そして、年月を経れば、ますます「不動の心の人」となり、部下のみならず、周囲から尊敬すら得ることができる。

自己鍛錬を怠らず、自分を律していく努力を怠らなければ、部下が納得する「叱り方」、叱っても、部下がついてくる「叱り方」、部下に慕われる「叱り方」ができるようになる。人間的に魅力のある上司になることができるのである。

自分づくりに努める

本章では、「上司が部下を叱る資格があるか」という観点から、上司に必要な「一〇の努力」を紹介してきた。

現在は、部下を叱ることが難しい時代である。上司は「部下を叱ることができる自分」をつくっていく、「自分づくり」をする努力をしていく必要があろう。叱っても、「なるほど、この上司に叱られるのは仕方がない」、いや、「叱られて、嬉しかった」とさえ思わしめる上司としての「自分づくり」に努めなければならない。そのためには、上司は絶えざる自己成長、人間的成長に努力しなければならないのである。それこそが指導者である上司の条件なのだということを覚えておいてほしい。

理想の上司はイチロー選手

最後に、明治安田生命が、二〇一七年の入社を控えた新社会人を対象に実施した『理想の上司』のアンケート調査を二月六日に発表している。それを見ると、スポーツ部門では、アメリカ大リーグのマーリンズのイチロー選手が一位にランクされている。

私のもっとも好きなイチロー外野手は、昨季は、ピート・ローズの保持するメジャー最多記録の通算四二五六安打を日米通算で破り、また、メジャー三千本安打などの活躍をしたことは、記憶にまだ新しい。しかし、客観的には、彼は、禅僧のような哲学的雰囲気があり、必ずしもソフトでもなく、親しみやすい選手でもないと思う。

にもかかわらず、そのイチロー外野手を、ソフトな上司を好む若者たちが、理想の上司として選んでいるのである。

なぜか。

彼が、為すべきことを為し、やるべきことをやって、圧倒的な実力と存在感があり、また、結果を出し、示しているからではないかと私はしみじみ思うが、いかがであろうか。

ほめたり、酒を飲ませて、ソフトで、軽い上司になる必要は、必ずしもない。黙っていても圧倒的な存在感のある上司、叱っても部下から慕われる上司を目指し、上司たる人たちは、己を磨き、人間的成長をする「自分づくり」に励んでいただきたいと願う。

私がここまで書いてきたことが決して、絵空事ではないということを、このアンケートの結果が証明している。

上司の皆さんの、さらなるご活躍を願って、擱筆する。

江口克彦(えぐち　かつひこ)

1940（昭和15)年2月1日、名古屋市生まれ。

故・松下幸之助氏の直弟子とも、側近とも言われている。23年間、ほとんど毎日、松下氏と語り合い、直接指導を受けた松下幸之助思想の伝承者であり、継承者。松下氏の言葉を伝えるだけでなく、その心を伝える講演、著作は定評がある。現在も、講演に執筆に精力的に活動している。また、経済学博士、李登輝基金會最高顧問でもある。参議院議員、PHP総合研究所社長、松下電器理事、内閣官房・道州制ビジョン懇談会座長など歴任。著書に『ひとことの力』『部下論』『上司力20』『松下幸之助はなぜ成功したのか』(以上、東洋経済新報社)『賢い生き方』(毎日新聞出版社)『地域主権型道州制の総合研究』(中央大学出版部)『こうすれば日本は良くなる』(自由国民社)など多数。

松下幸之助《まつしたこうのすけ》に学《まな》ぶ
部下《ぶか》がついてくる叱《しか》り方《かた》

2017年3月31日　第1版第1刷発行

著　者　江口克彦《えぐちかつひこ》
発行人　宮下研一
発行所　株式会社方丈社
〒101-0051
東京都千代田区神田神保町1-32　星野ビル2F
Tel.03-3518-2272／Fax.03-3518-2273
http://www.hojosha.co.jp/
装丁デザイン　ランドフィッシュ
印刷所　中央精版印刷株式会社

＊落丁本、乱丁本は、お手数ですが弊社営業部までお送りください。送料弊社負担でお取り替えします。

ISBN978-4-908925-10-8